Carl Campeau

Meine Seele kriegt ihr nie

Carl Campeau

Meine Seele kriegt ihr nie

Als Geisel verschleppt, gefoltert und zum Islam gezwungen

Unter der Mitarbeit von Simon Biallowons

Illustrationen von Suaad Tawil

HERDER

FREIBURG · BASEL · WIEN

MIX
Papier aus verantwortungsvollen Quellen
FSC www.fsc.org
FSC® C083411

www.herder.de

Umschlaggestaltung: wunderlichundweigand, Stefan Weigand
Satz: post scriptum, Vogtsburg-Burkheim / Hüfingen
Herstellung: CPI books GmbH, Leck

Printed in Germany

ISBN Print 978-3-451-37964-2
ISBN E-Book 978-3-451-81237-8

Gebet zum Erzengel Michael

Heiliger Erzengel Michael,
Du ruhmreicher Prinz der himmlischen Heerscharen,
verteidige uns in diesem schlimmen Krieg, den wir gegen Mächte und Gewalten,
gegen die Beherrscher der Welt der Finsternis
und gegen die bösen Geister in den Himmelshöhen führen müssen.
Komme den Menschen zu Hilfe,
die Gott nach seinem Bild und Gleichnis gemacht,
unsterblich erschaffen,
und aus der Tyrannei des Teufels um einen teuren Preis erkauft hat.

Danksagung

Zuerst und vor allem möchte ich Simon Biallowons vom Herder-Verlag danken – für seine Arbeit und dafür, dass er dieses Buch in Bezug auf seine Struktur, seine Dynamik und seinen Schreibstil beeinflusst hat; vor allem auch dafür, dass er Details aus unseren Gesprächen ergänzend hinzugefügt hat. Auch dem Verlag Herder und dem gesamten Team danke ich für die Unterstützung bei diesem Projekt.

Ich möchte mich auch bei meinem österreichischen Freund Klaus Ther vom ORF bedanken, der immer an dieses Buch geglaubt und den Kontakt zu Simon vermittelt hat. Das war sicher ein entscheidender Anstoß.

Besonderer Dank geht an meine Frau Suaad Tawil, die mich während des Schreibens unterstützt und beraten und dafür gesorgt hat, dass ich manche Dinge nicht so ausgedrückt habe, wie es mein erster Impuls gewesen wäre. Vor allem danke ich ihr für die wunderbaren Zeichnungen, die dieses Buch bereichern.

Dank auch an meine Freundin Melissa Speer, die das englische Originalmanuskript noch einmal durchgesehen und damit einen wichtigen Beitrag geleistet hat, sowohl sprachlich als auch inhaltlich.

Schließlich danke ich meinen Eltern, die mich ermutigt haben, dieses Buch zu veröffentlichen, und all meinen Freunden, die mich moralisch und seelisch unterstützt haben.

Inhalt

Auge in Auge

»Das Leben ist in der Tat schwer, ein Kampf von Minute zu Minute, aber der Kampf ist verlockend. Früher blickte ich in eine chaotische Zukunft, da ich den Augenblick unmittelbar vor mir nicht wahrhaben wollte. Und jetzt, da jede Minute voll ist, randvoll mit Leben und Erleben, mit Kampf und Sieg und Niederlage, jetzt denke ich nicht mehr an die Zukunft. Ich lebe jetzt, heute, in dieser Minute, ich lebe voll und ganz, und das Leben ist es wert, gelebt zu werden.«

Etty Hillesum

Vier Jahre liegen meine Qual und meine Verzweiflung zurück, als ich an diesem Morgen des 8. Februars 2017 den Verhandlungssaal des Oberlandesgerichts Stuttgart-Stammheim betrete. Ich trage einen Schladminger Janker, ich fühle mich darin irgendwie sicher. Trotzdem bin ich etwas nervös. Der Grund ist einfach: In wenigen Minuten werde ich zum ersten Mal einen jener Männer wiedersehen, die mich vor fast genau vier Jahren in Syrien entführt, die mich verschleppt, gefoltert und zum Übertritt zum Islam gezwungen haben. Einer von ihnen wird gleich vor mir stehen.

Der Fall geht schon durch die Presse. Die Medien berichten davon, dass der Fünfundzwanzigjährige in Qatana in der Nähe von Damaskus aufgewachsen und dann nach Deutschland gekommen ist, sie informieren darüber, wie er hier gelebt hat und dass er seine Angehörigen nachholen wollte. Sie erzählen, wie der Syrer dann, am 21. Januar 2016, in Backnang auf offener Straße von einem mobilen Einsatzkommando verhaftet wurde, eine spektakuläre Aktion. Und die Zeitungen und Sendungen nennen auch seinen Namen: Suliman al-S. Ich kannte ihn nur als Abu Adam, unter seinem Kampfnamen bei einer Gruppe der Al-Nusra-Front, einem Ableger von Al-Qaida und einer der gefährlichsten Terrororganisationen der Welt. In Deutschland soll er als mustergültig integriert gegolten haben.

Plötzlich steht dieser Abu Adam, der angeblich so ein Musterknabe ist, vor mir. Besser: Er sitzt vor mir, mit zwei Anwälten und einem Dolmetscher, genau dort, wo vor Jahrzehnten die RAF-Terroristen Andreas Baader und Ulrike

Meinhof saßen. Er trägt einen Bart und eine Wintermütze und sieht irgendwie mehr wie ein Rapper aus und weniger wie ein Dschihadist. Für mich ist dieser Anblick nur schwer zu fassen: Als ich ihn zuletzt sah, war ich sein Gefangener. Hilflos, verzweifelt und am Ende meiner Kräfte. Nie hätte ich gedacht, dass ich einen meiner Peiniger irgendwann einmal wiedersehen würde. Schon gar nicht in einem Gerichtssaal in Deutschland.

Ich selbst bin hier als Zeuge. Nicht, weil ich Rache oder Vergeltung will. Nein, ich bin selbst Jurist und zutiefst davon überzeugt, dass ein Mensch für das, was er getan hat, vor einem ordentlichen Gericht einen fairen Prozess und ein gerechtes Urteil bekommen soll. Verhandelt wird hier unter anderem die Mitgliedschaft in einer terroristischen Vereinigung; der Generalbundesanwalt wirft Abu Adam außerdem Kriegsverbrechen vor. Es geht um viel. Für ihn. Für mich. Und ich glaube auch für Deutschland und die Welt. Es geht um die Frage, ob sich Kriegsverbrecher einfach so ein neues Leben aufbauen können.

Abu Adam flüchtete im August 2013 erst mit dem Auto in den Libanon, flog von dort in die Türkei und reiste dann weiter nach Algerien. Dort durchquerte er mit dem Auto die Wüste, um durch Tunesien nach Libyen zu kommen. In Libyen ließ er sich von Schleusern auf einem Motorboot über das Mittelmehr nach Italien bringen. Von Italien aus ging es weiter nach Frankreich und schließlich nach Deutschland, am Ende in die tiefste schwäbische Provinz. Seine Reiseroute ist typisch für viele Flüchtlinge, nur ist Abu Adam kein typischer Flüchtling. Er ist ein Dschihad-Kämpfer der Al-Nusra-Front und eben kein junger Mann, der einfach nur cool aussieht und sich hier ein Leben aufbaut.

Im Januar 2015 hat Deutschland diesem Mann Asyl gewährt, er ist ein anerkannter Flüchtling. Allerdings holt das alte Leben Abu Adam ein, weil er selbst es nicht loslassen will. Er macht Andeutungen über seine Vergangenheit; in sozialen Netzwerken werden Verbindungen zu seinem Kampfnamen gelegt, den einzigen Namen, den ich bis jetzt kannte. Die Schlinge zieht sich enger um seinen Hals. Am 21. Januar 2016 wird er schließlich festgenommen. Ein Jahr später beginnt der Prozess, und ich sehe ihn wieder. Und in dem Moment, in dem ich dieses Buch schreibe, geht dieser Prozess zu Ende. Endlich.

Wie gesagt: Dieser Fall und dieser Prozess sind sehr wichtig für Deutschland und die Menschen, die hier leben. Es geht um Verbrechen, die außerhalb Deutschlands verübt worden sind. Weder der Täter noch das Opfer sind Deutsche, sondern ein Syrer und ein Kanadier. Trotzdem ist es möglich, dass dieser Prozess hier verhandelt wird, und das ist richtig. Gerade im Kontext der vielen Flüchtlinge, die vor allem 2015 und 2016 nach Deutschland kamen, scheint es mir von entscheidender Bedeutung, dass dieses Land sorgfältig untersucht, wer da kommt, und die findet, die mit wenig in der Hand, aber schwerem Gepäck der Vergangenheit reisen, und sie vor Gericht stellt. Ich sage das aus zwei Perspektiven: aus der Perspektive eines Ausländers, eines UN-Mitarbeiters, der lange und in zahlreichen Kriegsgebieten gearbeitet und sehr viel gesehen und erlebt hat. Ich weiß, wozu Menschen fähig sind. Und ich sage das noch aus einer anderen Perspektive heraus: aus der Perspektive des Opfers.

Es steht außer Frage, dass die weitaus überwiegende Zahl der Flüchtlinge und Asylsuchenden Schutz verdient, zumindest für die Zeit, in der diese Menschen nicht in ihre Länder zurückkönnen. Diejenigen aber, die Gewalt, Fanatismus und Hass hierher bringen, die die tödliche und teuflische Ideologie des Dschihadismus verbreiten, die müssen von der Justiz mit besonderer Aufmerksamkeit beobachtet und behandelt werden. Deutschland hat wie jedes andere Land auch das Recht, seine Bürger gegen solche Menschen wie Abu Adam zu schützen. Und nicht nur das Recht, es hat sogar die Pflicht.

Dieses Buch sehe ich als meine Pflicht. Ich will erzählen, was ich erlebt habe, nachdem man mich 2013 in Syrien entführt und acht Monate lang als Geisel gefangengehalten hat. Ich möchte zeigen, was für Leute das sind, die der Al-Nusra-Front angehören. Und dabei wird es viele Überraschungen geben. Sie alle sind auf dem Papier Dschihadkämpfer, aber in der Realität doch sehr unterschiedlich. Ich werde das alles ohne Übertreibungen oder Ausschmückungen erzählen und genau so, wie ich es in Erinnerung habe oder wie man es mir berichtet hat. Ich versuche, fair zu bleiben und meine Wut zu zügeln, die auch vier Jahre nach den schrecklichen Monaten in Syrien immer wieder in mir aufsteigt. Wut nicht nur auf die Geiselnehmer, sondern auch auf andere Beteiligte: die UN, meine Heimat Kanada, die syrische Regierung und sogar auf einige meiner Verwandten. Ich habe gelernt, dass man Behörden nicht blind vertrauen darf und dass Angehörige oder Freunde von Geiseln niemals voll und ganz darauf setzen sollten, dass eine Regierung oder andere offizielle Stellen alles für die Geisel tun. Auch das ist ein Grund für dieses Buch: Ich will Menschen, die ähnliche Dinge erfahren, zeigen, worauf es ankommen kann, um die Zeit in der Hölle zu überleben.

Dieses Buch handelt von einer Wirklichkeit, die nicht weiß oder schwarz ist, sondern grau mit vielen Schattierungen. Ich hoffe, dass die Leser verstehen, dass ich Nuancen beschreibe und dass ich nicht so einfach in Gut und Böse aufteilen kann und will. Es gibt Personen in dieser Geschichte, denen ich nichts Gutes attestieren kann, weil ich es nicht von ihnen erfahren habe. Das bedeutet aber nicht, dass sie durch und durch schlecht sind. Und gleichzeitig habe ich in der Gefangenschaft Menschen getroffen, die trotz ihrer Mitgliedschaft in einer mörderischen Terrorgruppe auch gut waren, Opfer eines brutalen Krieges und seiner Umstände. Ich kann ihre Ideologie nicht gutheißen und schon gar nicht ihre Taten. Doch ich habe Menschen getroffen, die eine Art von Gehirnwäsche erlebt haben und die am Anfang vielleicht sogar gute Absichten hatten, die aber von ihrem Weg abgekommen sind hin auf eine Straße, die zu Terror und Trauer führt. Manche von ihnen sind selbst Opfer, waren selbst Gefangene oder wurden gefoltert und waren damit leichte Beute für die süßen Klänge des Dschihad. Das alles bedeutet nicht, dass man ihre Entscheidungen entschuldigen kann. Aber vielleicht etwas mehr verstehen. Manches allerdings muss man nicht einmal verstehen.

Ich schreibe dieses Buch nicht zuletzt auch deshalb, weil ich das mir Widerfahrene einordnen will, weil ich selbst diese Schatten habe, weil ich selbst manchmal gut und manchmal weniger gut bin. Meine Geiselnehmer haben mich gezwungen, zum Islam überzutreten, und ich habe mich am Ende aus Angst um mein Leben gebeugt. Ich habe dabei erfahren, was eine spirituelle Belagerung ist und wie grausam dieser Angriff auf die eigene Seele sein kann. Es war etwas, was ich mir so nie hätte vorstellen können. Und ich weiß nicht, was ich noch getan hätte, wenn ich länger in Gefangenschaft gewesen wäre. Vielleicht will ich es auch gar nicht so genau wissen, weil mir das Angst machen könnte – vor mir selbst. Denn eines ist sicher: Egal, wie lange man Geisel ist – ob mehrere Jahre, einige Monate oder sogar nur wenige Stunden –, diese Erfahrung verändert jeden Menschen. Nicht immer zum Positiven, das weiß ich. Ich selbst kämpfe von Zeit zu Zeit mit den Folgen. Insgesamt habe ich das Ganze aber gut überstanden, ohne zu tiefe Narben. Ja, ich glaube sogar, dass Friedrich Nietzsches »Was mich nicht umbringt, macht mich stärker« zu mir und meiner Geschichte passt. Deshalb ist mein Buch zuletzt auch ein Buch vom Überleben und Weiterleben. Kein Buch eines Helden, der keine Verzweiflung, Angst oder Schwäche kennt. Im Gegenteil. Trotzdem ist es hoffentlich ein Buch, das zeigt, dass eine Weisheit immer stimmt, egal, wie oft man sie gehört hat und wie alt sie sein mag: So lange es Leben gibt, gibt es Hoffnung. So lange es Hoffnung gibt, gibt es Leben.

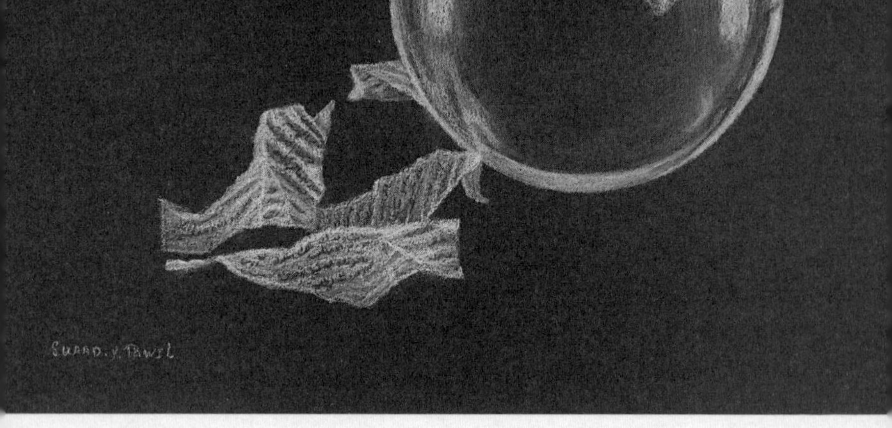
SUAAD.Y.TAWIL

Dunkle Zeichen

»Die wahren Vorgefühle entstehen in einer Tiefe,
in die unser Geist nicht hinabreicht.
Und so lassen sie uns manchmal Dinge tun,
die wir völlig verkehrt auslegen.«

Raymond Radiguet, Der Teufel im Leib

Manche Nächte im Leben sind wie eine einzige Warnung. Die Luft und der Wind sind rauer als sonst. Die Stille ist drückender und jeder Schritt, jeder Atemzug, den du tust, ist lauter und störender. Du siehst Leute um dich herum und fühlst dich trotzdem verlassen. Du bewegst dich durch altbekannte Räume und Flure, und sie kommen dir fremd vor. Alles scheint feindlich und gefährlich, und Erlösung bringt dir nur einer: der Schlaf.

Diese nächtliche Warnung, dieses dunkle Zeichen, sie liegen schwer auf mir, an diesem 16. Februar vor vier Jahren. Ich kann die Warnung und die Zeichen nicht erkennen, doch eine Ahnung hat sich eingeschlichen, in alle Fugen meines Denken und Fühlens, wie der Wüstensand hier in Syrien. Ich bin gerade noch in meinem Büro im »Pentagon« gesessen, wie wir Mitarbeiter der UNDOF-Mission (United Nations Disengagement Observer Force, UN-Mission zur Überwachung der Golanhöhen) scherzweise unseren Gebäudekomplex in Camp Faouar nannten, und habe ein emotionales Gespräch mit meiner Frau geführt. Ich habe ihr erzählt, dass ich am nächsten Tag nach Damaskus reisen wolle. Sie ist ausgerastet. Sie ist selbst Syrerin und weiß nur zu gut, wie die Dinge in ihrer Heimat stehen. Das Land ist am Abgleiten in einen schrecklichen Bürgerkrieg oder schon längst mittendrin, und überall im Land lauern Dschihadisten, die gegen das Regime und den Westen kämpfen und ihren heiligen Krieg mit Spenden, Ölgeldern und Entführung finanzieren. Dazu die Truppen des Regimes, die generell nicht weniger gefährlich und finster sind und immer wieder Leute

»verschwinden« lassen. Meine Frau weiß genau darüber Bescheid, zählt mir all diese Gefahren auf und ruft dann, fleht fast, in den Hörer: »Geh nicht! Es ist sehr gefährlich.« Ich kann, obwohl Tausende von Kilometern entfernt, ihre Emotionen durch das Telefon spüren. »Keine Sorge«, antworte ich routinemäßig. Es ist nicht das erste Mal, dass ich solche Unterhaltungen führe. Nicht mit meiner Frau und auch nicht mit meiner Ex-Frau. Das Beruhigen von Angehörigen gehört gewissermaßen zu meinem Job als UN-Legal Adviser in Kriegsgebieten. Selbst wenn man selbst alles andere als ruhig ist.

Meine Frau hat natürlich recht. Zu dieser Zeit bringt eine Fahrt durch Syrien das Risiko mit sich, von einer Bombe oder einer Kugel getroffen oder Opfer einer Entführung zu werden. Ich erkläre ihr, dass ich einige wichtige berufliche Dinge mit Kollegen in Damaskus diskutieren müsse; Dinge, die vertraulich sind und die man nicht am Telefon bespricht oder per E-Mail löst. Vor allem aber versuche ich, ihr beizubringen, dass ich die Schmerzen in meinem Knie nicht mehr aushalte. Ich bin wenige Wochen vorher in Straubing operiert worden, mein Kreuzband und mein Meniskus waren kaputt, und danach habe ich weder dort noch in Wien noch hier eine ordentliche Physiotherapie gemacht. Das rächt sich jetzt mit permanenten Schmerzen. Ich will deshalb in Damaskus zu einem Physiotherapeuten gehen und dann weitere Termine vereinbaren, um die Probleme endlich in den Griff zu bekommen. Ich kann nicht mehr warten. Oder vielmehr: Ich will nicht mehr länger warten. Vor der Dämmerung würde ich wieder zurück sein, die Sicherheitsregeln der UNDOF verbieten es ohnehin, nach Sonnenuntergang draußen unterwegs zu sein. Ich erkläre das alles und sage noch einmal: »Keine Sorge: Es passiert schon nichts.« Wenig später gehe ich hinaus ins Dunkle.

Draußen blicke ich in den klaren Himmel, voll von Sternen, und dazwischen scheint hell und kräftig der Mond. Davor liegen die dunklen, schemenhaften Umrisse von Bäumen, deren Zweige wie Hände aussehen, die nach mir greifen und mich ins Dunkle verschleppen könnten. Oder die Silhouette eines Minaretts, aufragend wie ein mahnender Zeigefinger. Dazu die Gewehrsalven, wieder und wieder, wie Warnschüsse. Auch der laute Ruf des Muezzins und sein »Allahu akbar« wirken auf mich wie eine Warnung. Sicherlich, Gott ist groß, und für viele Millionen Muslime ist der Islam eine Religion des Gebets, der Hingabe, des Friedens. Doch hier, so nah an fanatischen Glaubenskriegern, deren Glaube nichts zu tun hat mit dem wirklichen Islam, klingt das »Gott ist groß« in meinen Ohren bedrohlich. Ich kenne Kollegen, denen die Kehle durchgeschnitten wurde und für die das »Allahu akbar« das Letzte war, was sie gehört haben. Und ich weiß, dass Allah und der Islam oft missbraucht werden, um Menschen wie mich als Ungläubige abzustempeln und ihre Ermordung zu rechtfertigen. Gott mag groß sein. Doch viele Menschen, die sich mit ihm schmücken, sind es sicherlich nicht.

Ich starre für einige Minuten in den Himmel und auf die dunklen Zweige und spüre eine Gänsehaut, obwohl es angenehm warm ist. Am liebsten würde ich umkehren und mich ins Bett legen, Schlaf als Erlösung von dieser Nacht suchen. Doch ein Kollege hat mich zu sich eingeladen, um mit mir einen Film anzuschauen. Ich kenne den Kollegen schon länger, er ist ein merkwürdiger Charakter. Er liebt die schönen und angenehmen Dinge, einen feinen Whisky oder aromatische Pfeifen, vor allem dann, wenn diese Dinge anderen gehören.

Ich muss jedes Mal fast schmunzeln, wenn ich sehe, wie ungeniert er sich an meinem Glenfiddich, Lagavulin oder Chivas gütlich tut, während ich beim ihm stets nur etwas Jameson-Whiskey bekomme. Er leiht sich auch immer wieder Dinge aus, ohne dass man sie jemals wieder zu Gesicht bekommt. Andererseits ist er unterhaltsam, bringt einen zum Lachen und verscheucht wenigstens für wenige Momente die Monotonie des Lagerlebens. Er arbeitet schon sein gesamtes Leben für die UN und ist in vielen Missionen unterwegs gewesen. Es ist schwer zu beurteilen, ob all das, was er erzählt, stimmt. Andererseits weiß er wirklich viel und kennt viele. Und später wird er, wenn ich mich in den dunkelsten Stunden, Wochen, Monaten gar befinde, durch die Gegend fahren und nach mir suchen, mit einem Foto von mir und einer in Arabisch geschriebenen Botschaft. Doch all das kann ich an diesem Abend, an dem er mich zu sich eingeladen hat, noch nicht ahnen. Wie ich überhaupt wenig von dem ahne, was nach dieser Nacht geschehen wird.

Herrlichkeit für Gott und Friede den Menschen

»Herrlichkeit in den Höhen für Gott
und auf der Erde Friede
den Menschen seines Wohlgefallens«

Aus dem Lukasevangelium

Wenn ich zurückblicke auf die Zeit vor dem 17. Februar, auf den Abend, aber auch auf die Tage und Wochen davor, kann ich viele Warnungen erkennen. Vielleicht ist das auch nur ein Trick der Seele oder ein Spiel der Fantasie, der Einbildung, die mir irgendwie einflüstern will, dass ich das doch alles hätte sehen und deshalb vermeiden können, dass ich gar nicht so hilflos und ohnmächtig meinem Schicksal ausgeliefert war, wie es mir scheint. Aber das glaube ich nicht, ich bin vielmehr davon überzeugt, dass ich spüren konnte, wie sich die Gefahr in mein Leben schlich. Mehr noch als auf meinen vorherigen Missionen. Und trotzdem war ich wie ein Kind, das sich die Finger noch nicht am heißen Ofen verbrannt hatte.

Am 16. Februar war ich erst seit wenigen Wochen wieder zurück im Camp. Drei Monate lang war ich krankgeschrieben, Meniskus und Kreuzbandriss, und die Operation am Knie in Straubing war heftig und schwer gewesen. Danach hatte ich, wie gesagt, keine ordentliche Reha gemacht, das sollte sich jetzt rächen. Im Camp machten die Kollegen Witze, wenn sie mich mit meiner Schiene umherhinken sahen, nannten mich Terminator oder Robocop. Hätte ich gewusst, wie sehr diese Operationsfolgen mich in den gefährlichsten Momenten meines Lebens einschränken, wie sehr sie mich am Überleben hindern würden, ich wäre wohl jeden verdammten Tag nach der Operation zum Training gegangen. So aber war ich direkt nach Wien zurückgekehrt, wo ich jedoch keinen Physiotherapeuten finden konnte, der zu dieser Zeit spontan einen, geschweige denn mehrere Termine frei hatte. Auch drei

Monate nach meiner Operation war ich nicht in der Lage, aus einem Fenster zu springen oder schnell zu sprinten. Auch nicht unter den Umständen, unter denen ich bald zu leiden hatte.

Zwei Monate vorher in Wien, direkt nach meiner Operation, und kurz vor Weihnachten 2012: Ich war trotz meiner Probleme mit dem Knie in Hochstimmung. Das hatte einen einfachen Grund: Ich liebe die Vorweihnachtszeit. In diesen Vorweihnachtstagen schlenderten wir durch die festlich geschmückten und beleuchteten Gassen, unternahmen Spaziergänge über den Weihnachtsmarkt in Spittelberg, fasziniert von den Ständen mit Krimskrams, kleinen Kunstwerken, Fellmützen, Christbaumschmuck und anderen Handwerksarbeiten. Wir tranken einen Glühwein, um uns aufzuwärmen, und genossen die Mischung aus Kitsch, Romantik und Vorfreude. In meinem Apartment stand bereits ein Christbaum, er war geschmückt mit Doppeldeckern, einem Zeppelin, Kugeln und kleinen Holzfiguren, die Weihrauch aus ihren Mündern entweichen ließen. Natürlich befand sich auch eine süße, liebevoll gestaltete Krippe unter dem Baum. An Weihnachten kam nicht nur das Christkind, sondern auch mein inneres Kind zum Vorschein.

Syrien war in diesen Tagen weit, weit weg. Erst kurz vor meiner Abreise, bei einem Mittagessen bei einem chinesischen Buffet, äußerten sich einige meiner Freunde sehr besorgt. Zum ersten Mal sah ich sie so, und das erfüllte wiederum mich mit Sorge. Es war, als läge ein Schatten über meiner Reise nach Syrien und als würden die Gefahren ihre Finger schon bis ins winterlich-beschauliche Wien nach mir ausstrecken. Ich fühlte unbewusst, dass irgendetwas Dunkles vor mir lag. Doch ich schob es beiseite, so wie man einen nadelnden Tannenbaum wegwirft oder ein hässliches Weihnachtsgeschenk umtauscht. Aus den Augen, aus dem Sinn.

Kurz nach Dreikönig ging es zurück nach Syrien. Unsere Mission dort gab es schon seit mehr als vierzig Jahren, am 31. Mai 1974 wurde sie nach dem Jom-Kippur-Krieg mit der Resolution 350 des UN-Sicherheitsrates beschlossen. Vor allem Österreicher und Philippiner werden derzeit eingesetzt, um ein Gebiet von knapp 240 Quadratkilometern, das zwischen den von Israel besetzten Golanhöhen und dem von Syrien kontrollierten Gebiet liegt, zu beobachten. Bis 1994 war das Hauptquartier in Damaskus gelegen, dann bezog man Camp Faouar. Die Mission war lange Zeit ein großer Erfolg gewesen, ruhig und ohne für großes Aufsehen zu sorgen, was meistens ein gutes Anzeichen für einen UN-Einsatz ist. Jetzt aber erschwerte der Bürgerkrieg unsere Arbeit massiv, wir liefen ständig Gefahr, zwischen die Fronten zu geraten. Ich war 2010 das erste Mal für die Mission nach Syrien gekommen. Zu Beginn hatte ich noch in Damaskus gelebt, die meiste Zeit zumindest. Später brachen der Krieg und das Chaos und das Sterben über Damaskus herein, und ich zog dauerhaft nach Camp Faouar. Zwei Jahre später war es mit regulären Fluglinien nicht mehr möglich, nach Damaskus zu fliegen, und auch ich bevorzugte im Januar 2013 einen Flug nach Beirut. Das bedeutete zwar, dass ich die hügelige und unübersichtliche Straße zur Grenze nehmen musste, meistens mit einem Taxi, aber das war mehr oder weniger sicher. Zumindest für die Standards vor Ort.

In Beirut angekommen, fand ich sofort ein Taxi, das mich über die Grenze bringen sollte. Die Route erstreckt sich zwar nur über knapp hundert Kilometer, doch die Straße hat mehr Hügel und Kurven als Geraden und fordert ihre Zeit.

Der Fahrer stoppte irgendwann, für eine Zigarette und einen Kaffee. Das Ganze schien mir nicht geheuer, und es erinnerte mich an einen Organhandel-Fall, der mir im Kosovo untergekommen war. Allerdings lag ich komplett daneben, der Fahrer gab mir sogar einen Kaffee aus. Es ging weiter, durch eine wundervolle Landschaft, durch weniger wundervolle Militärcheckpoints und vorbei an unzähligen Plakatwänden mit riesigen Werbeanzeigen für Hochzeitskleider und -anzüge. Ich war davon fasziniert und wusste nicht einmal genau, weshalb. Und ich fragte mich immer wieder: War das das Zentrum allen Strebens hier im Libanon?

Ich hatte einige Zeit, mich darüber zu wundern, doch nach gut drei Stunden erreichten wir schließlich die Grenze. Ich bezahlte siebzig Dollar und ließ die Einreiseformalitäten über mich ergehen, die für mich sehr angenehm waren. Als UN-Mitarbeiter musste ich in keiner Schlange warten, hatte keine Probleme mit dem Visum oder irgendwelchen Pseudo-Kontrollen. Vor allem das Schlangestehen in Syrien war nervtötend. Jeder drängelte, jeder achtete nur auf sich. Darwin hätte seine wahre Freude daran gehabt, es ging in diesen Schlangen wirklich nur um das Recht des Stärkeren, Unverschämteren oder Rücksichtsloseren. Ein einziges Gedrängle, Geschubse und Geschiebe. Ohne jede Entschuldigung, einfach nur eine Selbstverständlichkeit. Wirklich: Darwinismus pur.

Danach das nächste Taxi, diesmal Richtung Damaskus. Ich halte es nach wie vor für Wahnsinn, dass die UN ihre Angestellten und Mitarbeiter in einheimischen Taxis fahren lässt. Wieso solch ein Risiko eingehen? Wie auch immer, ich fand ein Taxi, alt und stinkend, es durfte geraucht werden, leider. Ich dachte noch darüber nach, dass ich, wenn ich ein Kidnapper oder Führer einer Rebellengruppe wäre, einfach einen Deal mit Taxifahrern eingehen würde – leichter konnte man keine Geiseln bekommen –, da drückte der Fahrer schon auf das Gaspedal. Gefahren drohten von vielen Seiten. Nicht nur von den Straßen, deren Zustand einige Risiken bargen, und von möglichen Entführern, die jederzeit hätten zuschlagen können. Gerade auch die Checkpoints bedeuteten ein großes Risiko. Hier bildeten sich Schlangen, man musste langsam fahren, und so wäre es für einen Selbstmordattentäter ein Leichtes gewesen, sich und viele andere ohne größere Probleme in die Luft zu sprengen. Der Stopp an den Checkpoints war immer ein Nervenkitzel.

In Damaskus angekommen, musste ich einen Zwischenstopp einlegen, es war zu spät, um noch ins Camp zu reisen. Ich checkte im Dama-Rose-Hotel ein, wo ich schon öfter untergekommen war, und das mir Annehmlichkeiten wie einen Pool oder auch einen Fitnessraum bot. Allerdings waren mir an diesem Abend Pool, Fitnessraum und auch alles andere ziemlich egal, ich war einfach nur fertig und hundemüde. Kaum auf meinem Zimmer, hatte ich mich schon auf mein Bett geworfen; der Schlaf kam wenige Minuten später, traumlos und unruhig; immer wieder hörte ich den Krieg um und durch Damaskus wogen. Es ist verstörend, wie sich Menschen an eine Geräuschkulisse gewöhnen. Wer das erste Mal eine Bombe in seiner Nähe explodieren oder das Rattern von Maschinengewehren hört, wird vermutlich zu Tode erschrocken sein. Hier aber gehörte das Artilleriefeuer längst zum alltäglichen Stadtgeräusch, so wie Autos oder Straßenhändler, und es schien, als würden die Einwohner selbst die Kämpfe als normalen Teil ihres Lebens einkalkulieren. Krieg als Bestandteil des Alltags wie Frühstück, Mittag- und

Abendessen. Das ist etwas überspitzt, natürlich, doch in den Jahren meiner Arbeit hat es mich immer wieder bis ins Mark getroffen, wie selbst Gewalt und Gräuel eines Krieges von manchen Menschen als Teil des Lebens, des Überlebens, gesehen werden. Eine Deformation der Wahrnehmung, die später in Friedenszeiten das Zusammenleben enorm erschwert.

Ich selbst hatte noch die Wiener Weihnachtsgeräusche in Ohr und Kopf und schreckte immer wieder hoch, bis ich viel zu früh am Morgen geweckt wurde. Gerädert und noch immer in einer düsteren Stimmung frühstückte ich und stieg dann in den unbewaffneten Wagen eines UNTSO-Mitarbeiters (United Nations Truce Supervision Organization). Er musste auch ins Camp, und ich konnte auf diese Weise eine weitere Taxifahrt vermeiden. Auf unserer Route wurde mir an vielen Kleinigkeiten bewusst, wie sehr sich die Lage im Land verschärft hatte. Oft sind es nicht die großen Schreckensmeldungen, die einem das ganze Ausmaß vor Augen führen, denn an die hat man sich irgendwie schon gewöhnt, und man ist etwas abgestumpft. Es sind die kleineren und unscheinbareren Dinge oder Begegnungen, wie zum Beispiel die vielen zerstörten und verlassenen Häuser, notwendige Reparaturen, die nicht mehr ausgeführt werden, weil das Dach oder die Mauer sowieso jederzeit beschossen werden könnten, oder auch die Checkpoints, die wie Kakteen in der Wüste aus dem Boden schießen, bestückt mit schwerbewaffneten Soldaten. Heftige Auseinandersetzungen gab es permanent, und oft spielten sie sich wenige hundert Meter von der Hauptstraße entfernt ab. Überall gab es kleine Konflikte innerhalb des großen Konflikts, und es war kaum mehr klar, wer wohin gehörte – und wohin nicht. Die Armee kämpfte an allen Fronten, hatte aber nach sechs Jahren Krieg in diesen Wochen wieder das Momentum gewonnen, unterstützt von Russland, dem Iran und der Hisbollah. Wir passierten den Sasa-Checkpoint – später sollten diese Gegend und die Armee noch entscheidend für mich werden.

Nach etwa anderthalb Stunden, den Rest der Fahrt durch die vulkanischen Geröll- und Steinfelder der Golanhöhen, erreichten wir schließlich Camp Faouar. Wir wiesen uns beim wachhabenden Soldaten aus, denn einfach so kam hier keiner rein, selbst wenn wir schon wer weiß wie häufig dieses Tor durchfahren hatten. Der Moment, als wir langsam von draußen nach drinnen rollten, war ein merkwürdiger. Ich fragte mich plötzlich so stark wie selten, was ich hier eigentlich machte. Meine *raison d'être* in dieser Friedensmission war mir plötzlich alles andere als klar, sie war mir zweifelhaft – oder schlichtweg nicht mehr spürbar. Ich hatte zu dieser Arbeit immer ein ambivalentes Verhältnis gehabt, das muss man wohl auch: Ich hatte die Annehmlichkeiten geliebt und das Abenteuer und noch mehr den Gedanken, anderen Menschen zu helfen, für ein Stück Menschlichkeit in Gegenden mitsorgen zu können, in denen es noch Menschen, aber kaum mehr Menschlichkeit gab. Gleichzeitig hatte ich aber immer auch eine gewisse emotionale Distanz gewahrt und war fast nie komplett in meinem Job aufgegangen. Jetzt, nach den wunderbaren Tagen mit meiner Familie in Wien, spürte ich mehr und mehr, dass meine Zeit bei dieser Mission womöglich abgelaufen war. Wie recht ich damit hatte, ahnte ich damals freilich noch nicht. Nur wenige Wochen später würde das Schicksal mir eine Tür aus diesem Leben weisen – es hätte sicher auch eine andere Tür sein dürfen.

Camp Faouar ist zusammen mit Camp Ziouani eines der beiden Hauptlager der UNDOF-Mission, es war vor der Verlegung des Hauptquartiers hierher das Lager der österreichischen Einsatzkräfte. Da es von Syrien aus keinen offiziellen Übergang nach Israel gibt, ist da nur bei Quneitra das sogenannte »A-Gate«, das für UN-Einsatzkräfte und manchmal Diplomaten offen steht. Später sollte das Camp Faouar von mit Al-Qaida verbündeten Rebellen überrannt werden, 2014, nachdem sich die Beobachter aus der – angeblich – entmilitarisierten Zone wegen des Krieges zurückgezogen hatten. Damals waren vierzig Friedenssoldaten von den Fidschis von der Al-Nusra-Front gefangengenommen und nach zwei Wochen wieder freigelassen worden. Ein Fakt, der später für mich noch schmerzhafte Konsequenzen haben sollte. Erst Ende 2016 konnten wieder UN-Truppen ins Camp zurückkehren. Damals, im Januar 2013, als ich durch das Tor fuhr, war das Lager angesichts der Umstände ein fast paradiesischer Ort, manche bezeichneten es im Spaß sogar als »Ferienlager«. Tatsächlich hatte man in den vierzig Jahren, die das Lager bereits bestand, den Komfort und die Ausstattung peu à peu verbessert, und man konnte es hier wirklich mehr als gut aushalten, von Lagerkoller und gefährlichen Außeneinsätzen einmal abgesehen. Es gab eine wunderbare Kantine, geleitet von dem österreichischen Bataillon AUSBATT, einen Duty-Free-Shop und andere Annehmlichkeiten – eine kleine Oase, um aufzutanken in einem Gebiet, in das sonst niemand freiwillig reisen würde. Und es gab den Austrian Officer's Club, meinen bevorzugten Aufenthaltsort. Morgens traf ich hier gerne auf einen Kaffee einen österreichischen Major, den ich spaßeshalber »Wittgenstein« nannte, und einen anderen Kollegen mit dem Spitznamen »Kaiser Willem« – sein Vorname lautete Willem. Wir diskutierten gerne und oft auch hitzig über die Lage in Syrien, vor allem über die Zukunft, oder über das, was wir als Zukunft sahen. Einer Meinung waren wir dabei selten, und das zeigte schon, wie ungewiss die Situation und vor allem der Ausgang des Krieges waren. Abends kam ich dann gerne hierher, um einen Drink zu nehmen, um Schach zu spielen oder auch Filme anzuschauen, immer wieder organisierten die Verantwortlichen auch Kinoabende – für einen Cineasten wie mich eine willkommene Abwechslung vom drögen Lagerleben.

Das Herz des Camps war ein großes, massives Betongebäude, das wir wegen seiner Form, die an eine fliegende Untertasse aus Science-Fiction-Filmen erinnerte, »Pentagon« nannten. Dort hatte ich mein Büro, das ich mit der Zeit einigermaßen komfortabel eingerichtet hatte. Es gab einen kleinen Fernseher, Sofas, meine geliebte Nespresso-Maschine und sogar eine kleine Kollektion verschiedener Whiskys. Obwohl ich nie viel trank, liebte ich doch einen guten Schluck und dazu eine Pfeife; ich hatte verschiedene Sorten davon, italienische und zwei Irish Peterson Pipes, meine Lieblingspfeifen. Zigaretten dagegen rauchte ich nie, aber auch das sollte sich bald ändern. Wie so vieles in meinem Leben.

In diesem Büro hatte ich an dem Abend des 16. Februars mit meiner Frau telefoniert, wie fast jeden Tag. Diesmal aber war es ein hitziges Gespräch gewesen, wie bereits geschildert, und ich war überhaupt nicht in Stimmung, der Einladung meines Kollegen nachzukommen. Andererseits wollte ich auch nicht ins Bett, obwohl ich ahnte, dass das die Erlösung von meiner düsteren Stimmung sein könnte. Ich stand draußen in der Nacht, vor der bedrohlichen Kulisse aus den dunklen Zweigen, dem mahnenden Minarett, den Kriegsgeräuschen, und riss mich endlich los. Ich ging rüber zu meinem Kollegen, und er bot mir einen Schluck Jameson an, natürlich Jameson. Er klappte sein Laptop auf, und wir begannen den Film. Meine schlechte Laune und mein Widerwille wurden immer größer, bis ich es schließlich nicht mehr aushielt. Ich schlug ihm vor, den Film an einem anderen Abend weiterzuschauen. Ich entschuldigte mich, ich sei müde und abgespannt und würde einfach nur ins Bett wollen. Das stimmte auch, ich war wirklich völlig erschöpft. Was ich dagegen verschwieg: Der Film drückte noch mehr auf meine Stimmung, bereitete mir fast körperliches Unbehagen. Es war »Argo« – der Film über die Geiseln in der US-Botschaft in Teheran während der islamischen Revolution 1979. Ein Geiseldrama.

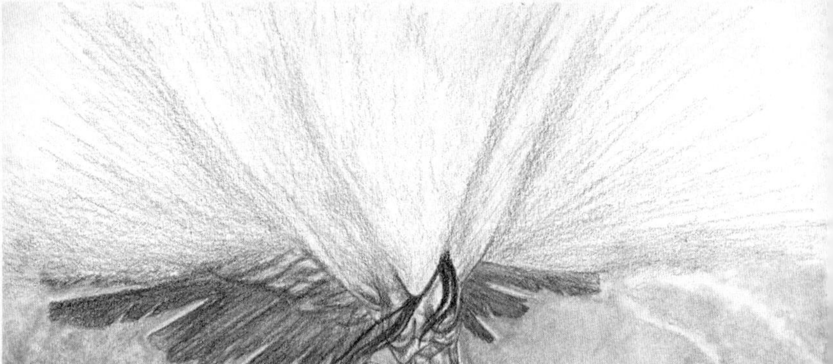

»Morgen – so Gott will!«

»Ich erinnere mich, dass ich entführt wurde
und dass sie ein Stück meines Fingers zu meinem
Vater schickten. Er sagte, er wolle mehr Beweise.«

Rodney Dangerfield

Die Tür zur Unfreiheit dröhnt und bebt, bebt in den Angeln und dröhnt in meinem Kopf. Ein Stockbett, IKEA-Schränke und eine kleine Holzkiste, vermutlich für Kinderspielzeug: Das ist alles, was mir bleibt, als an diesem verfluchten 17. Februar die Türe ins Schloss fällt. Was ich in dem Augenblick noch nicht weiß: Sechs Monate lang wird das meine Welt sein, nur kurz von kleinen Zwischenspielen unterbrochen. Sechs Monate, und ich habe noch keine Ahnung, dass ich so lange in dieser kleinen, muffigen Zelle mit den hässlich braun-gelben Wänden und dem fleckigen Fußboden bleiben werde. Hätte ich es gewusst, wäre ich geschockt gewesen – oder froh darüber, dass ich nach sechs Monaten überhaupt noch am Leben sein würde? Und das alles nur wegen meines verdammten Trips nach Damaskus.

Wie an den meisten Tagen während meines Dienstes im UN-Camp, draußen zwischen Israel und Syrien, zwischen Frieden und Krieg, war ich auch am Morgen dieses 17. Februars aufgestanden, hatte mich frisch gemacht und in der österreichischen Kantine gefrühstückt, ohne Eile oder Hast. Der Boden draußen war voller Schnee und Pfützen, und als ich in mein Zimmer zurückging, achtete ich sorgfältig darauf, dass meine Schuhe nicht nass wurden. Ich machte mich fertig für den Trip und holte zwei Bücher aus meinem Büro. Ich liebte es, in Ruhe in irgendeinem Café in Damaskus Kaffee zu trinken und ein gutes Buch zu lesen, wenn es die Zeit erlaubte. Und heute, so dachte ich, würde die Zeit es erlauben. Alles war genauso wie bei unzähligen anderen solcher Ausflüge – bis auf die gestrige Diskussion mit meiner Frau, deren Worte mir, halb warnend, halb flehend, noch irgendwo hinten in meinem Kopf nachklangen. Der fühlte sich etwas dumpf an, als würde mein Bewusstsein unter dichtem Nebel liegen. Vielleicht musste ich einfach raus hier.

Ansonsten war alles vorbereitet. Ursprünglich hatte ich ein gepanzertes Auto haben wollen und bereits Tage vor diesem Sonntag, dem 17. Februar, deswegen angefragt. Im Normalfall standen uns Zivilisten zwei Fahrzeuge dieses Typs zur Verfügung. Man hatte mir gesagt, dass einige philippinische Soldaten das Auto am Samstag zurückbringen würden. Oft machten UNDOF-Mitarbeiter am Freitag nach der Arbeit Ausflüge in das israelische Gebiet der Golanhöhen, wo manche es vorzogen zu leben statt im Camp. Doch am Samstag war keiner der beiden Wagen da, und so beschloss ich, mit einem leichteren Fahrzeug und meiner kugelsicheren Weste zu fahren, die Erlaubnis dafür wurde mir ohne Zögern erteilt. Die sonstigen Formalitäten waren ebenfalls erledigt, abgesehen von der elektronischen Anfrage beim Force Commander, dem Chef der Mission hier. Er war an diesem Wochenende unterwegs, doch ich dachte mir nichts wegen der Anfrage. Schon öfter war ich, wenn der Commander gerade nicht greifbar war, einfach ohne diese Erlaubnis gefahren, und er hatte mir die Erlaubnis dann auch immer nachträglich erteilt. Das war für uns im Camp business as usual. Später sollte mir das noch einmal vorgehalten werden. Das Auto stand startbereit vor meinem Büro, mit der Weste, die ich tragen sollte und einem Helm. Ich besuchte nur noch den diensthabenden Offizier, der für uns Zivilisten und unsere Sicherheit verantwortlich war. Ich fragte ihn, ob die Straße frei sei. Er antwortete: »Die Straße ist frei.« Welche Straße ich meinte, das fragten weder er noch ich. Es gab zwei nach Damaskus.

Es war warm und sonnig und ein perfekter Tag für den Trip. Ich fuhr die geteerten Straßen des Camps entlang und fühlte mich schon deutlich besser als tags zuvor. Ich kam am Tor an, der österreichische Wachposten trat ans Fenster meines Wagens, ich wies mich aus, und er inspizierte das Auto, eine Routinemaßnahme, die verhindern sollte, dass Sachen aus dem Camp nach draußen geschmuggelt wurden. Das war auch schon alles, nach wenigen Minuten wurde ich weitergewinkt. Ich rollte durch das Gate und rief beim Joint Operations Centre an: »Hier ist 9 3 Lima, auf der Abreise von Charlie Foxtrot für Delta, over!« Carlie Foxtrot stand für Camp Faouar und Delta für Damaskus. »9 3 Lima, roger out!« Und ich war unterwegs auf dem Weg nach Damaskus – und in das gefährlichste Abenteuer meines gesamten Lebens.

Ich war tief in Gedanken versunken und betrachtete die Straße mit mäßiger Aufmerksamkeit. Mit jeder gefahrenen Meile fühlte ich mich besser, luftiger, freier, selbst wenn der Ausflug nach Damaskus nur einen Tag dauern sollte. Ich dachte viel über meine Arbeit auf den Golanhöhen nach; seit mehr als zwei Jahren war ich schon im Camp. Klar, das Gehalt war großartig. Doch ich fühlte, dass ich etwas anderes wollte als nur ein tolles Gehalt. Vielleicht war meine Karriere bei der UN auch an ihr Ende gekommen, zumindest in meiner Rolle als Jurist. Ich hatte schon vor dem Beginn meines Studiums mit der Philosophie geliebäugelt und Jura immer etwas trocken gefunden. Die Arbeit bei der UN, die internationalen Einsätze, das hatte mich seit meiner ersten Aufgabe in Bosnien, inzwischen schon fünfzehn Jahre her, fasziniert. Aber jetzt war ich mir nicht sicher, ob ich nicht etwas ändern sollte.

Direkt nach dem Checkpoint bei Sasa bieten sich zwei

Möglichkeiten an, nach Damaskus zu fahren. Ich hatte eigentlich vorgehabt, nicht die Hauptstraße zu nehmen, sondern eine kleinere, etwas verschlungenere. Doch irgendwie hatte ich nicht aufgepasst und befand mich plötzlich doch auf der Hauptstraße. Als ich das begriff, war ich schon am Beginn von Khan Al-Shih angelangt, an einem Checkpoint der syrischen Armee, direkt am Stadteingang. Der Soldat, der hier Wache schob, erschien mir seltsam gestresst, fast ängstlich. Nun gut, die Straße hier war auch alles andere als ein friedliches Idyll, und Soldat der Assad-Armee zu sein nicht gerade der sicherste Job in diesen Zeiten. Aber so ängstlich? Oder wusste er etwas, was ich nicht wusste? Der Mann winkte mich weiter, er sah meinen Ausweis nicht einmal richtig an. Ich war jetzt etwas verunsichert, die Sonne meiner Hochstimmung war kurzzeitig von einer Wolke der Nervosität verdunkelt, langsam fuhr ich weiter durch die Stadt. In den Straßen herrschte Hochbetrieb, die Geschäfte waren geöffnet, viele Fußgänger liefen hin und her, ich kam nur mühsam voran. Etliche Passanten starrten mich an – Zufall?

Ich fuhr eine breitere, scharfe Kurve nach rechts, beschleunigte ein wenig um sie herum. Die Läden hier waren schon geschlossen, es sah leerer aus. Wenige Meter weiter vor mir befand sich ein altes syrisches Auto, vielleicht ein Sham. Ein älterer Mann war gerade dabei, den Kofferraum zu öffnen. Rechts neben dem Auto stand eine junge Frau, vielleicht seine Tochter, mit einem Kopftuch. Auf beide waren Gewehre gerichtet. Ich war direkt in einen Überfall geraten.

Vielleicht hätte ich in diesem Augenblick mit einem gepanzerten Wagen entkommen können. So aber konnte ich nicht einfach wenden, ohne zu riskieren, dass Kugeln mein Gefährt durchdrangen. Denn in dem Augenblick, als ich um die Kurve kam und hart bremste, zielten die Männer nicht mehr auf den Mann und seine Tochter, sondern auf mich und mein Auto. Zwei mit langen, dicht wuchernden Bärten rannten sofort auf mich zu und gestikulierten wild. Ihr arabisches Geschrei konnte ich nicht verstehen, aber ihre Zeichen waren eindeutig: Ich sollte aussteigen und mich auf den Boden legen. Ich handelte instinktiv und fingerte vierhundert Dollar heraus, die ich in meinem Mantel hatte. Ich hielt sie den zwei Bewaffneten hin und hoffte inständig, dass sie einfach nur Straßenräuber wären, die sich damit zufrieden gäben. Aber sie waren keine Straßenräuber. Und mit dem Geld gaben sie sich, wie es schien, auch nicht zufrieden.

Ich bewegte mich keinen Millimeter. Einerseits war ich erstarrt, andererseits rasten meine Gedanken. Hatte ich etwas übersehen? Hätte ich auf meine Frau hören sollen? Es gab noch viele andere Blitze, die durch meinen Kopf schossen, aber nicht greifbar waren. Der eine Mann, er trug Militärkleidung, und sein Gesicht war verhüllt, drehte sein Gewehr um und machte eine Bewegung, als ob er mich durchs offene Fenster hindurch mit dem Schaft erschlagen wollte. Der andere, im Anzug, ohne Krawatte und das Gesicht unverhüllt, dessen Spitznamen Osama ich später noch zu Genüge hören sollte, stoppte ihn gerade noch. Ich zuckte zurück, obwohl er mich nicht getroffen hatte. Ich versuchte keinen Zweifel daran zu lassen, dass ich mich nicht wehren und auch nicht versuchen wollte, zu fliehen. Ansonsten, so viel war mir klar, würde ich hier nicht irgendeine Geldsumme zurücklassen, sondern mein Leben. Ich tat nichts und hoffte einfach nur: Im besten Fall würden sie mir alles abnehmen und mich laufen lassen. Doch auch das war nicht der Fall.

Der verhüllte Mann packte mich und zwang mich auszusteigen. Er zerrte mich hinten um meinen Wagen herum und stieß mich auf den Rücksitz auf der rechten Seite. Ich hatte keine Ahnung, was das sollte. Vielleicht war er selbst nervös oder einfach nur ungeschickt. Er stieß mich noch einmal, und ich kauerte hinter dem Fahrersitz. Ich ließ alles über mich ergehen. Ich spürte mein Adrenalin am Anschlag, mein Puls war am Explodieren, und ich versuchte mit allen mentalen Techniken, die ich erlernt hatte, runterzukommen. Keine Chance. Die Spannung war an der Oberkante und bei den Wegelagerern vielleicht sogar noch höher als bei mir. Der vermummte Gangster saß neben mir, die Mündung seiner Waffe in meinen Rippen. Mein Leben, das begriff ich auf einmal, war nicht einmal mehr einen Dollar wert. Falls überhaupt so viel.

Osama saß auf dem Fahrersitz und wollte den Wagen starten. Es dauerte etwas, bis er kapierte, dass er dafür meine Magnetkarte brauchte. Ein Gerät, das Carlog genannt wird, musste betätigt werden; ich gab ihm die Karte, und er startete den Wagen. Er verließ sofort die Hauptstraße und gab Gas. Ich konnte nicht sehen, wohin wir fuhren, weil mir der Vermummte neben mir immer wieder auf den Nacken schlug; mein Kopf sollte unten bleiben. Sie wollten nicht, dass ich den Weg erkennen konnte, und auch nicht, dass man sah, dass sie in dem großen Auto mit UN-Abzeichen auch noch einen Westler hatten, ganz offensichtlich ein Entführungsopfer. Die Fahrt war hektisch, immer wieder bogen wir ab, jedoch dauerte es nicht lang, höchstens zehn Minuten. Mein Bewacher gab offensichtlich die Richtung vor, er schien sich besser auszukennen als Osama. Ich sollte ihn später nicht mehr oft sehen, er wurde im Gefecht getötet. Jetzt aber war er der Mann, der mich mit in die Hölle nahm.

Ich habe später viele, viele Momente durchlitten, in denen ich bereute, in denen ich mich dafür verfluchte, dass ich nicht versucht hatte, mich während dieser kurzen Fahrt zu befreien. Es waren doch nur zwei Leute gewesen, und einer davon saß sogar am Steuer. Was wäre passiert, wenn ich die Waffe des Vermummten einfach weggestoßen und sie ihm dann entwendet hätte? Wenn ich ihn damit niedergeschlagen und auf den Fahrer geschossen hätte? Ich weiß, dass das eher ein Steven-Seagal-Heldenszenario ist und nicht aus den UN-Richtlinien für Entführungsfälle stammt. Doch in den langen, quälenden einsamen Tagen in Gefangenschaft und sogar jetzt noch denke ich immer wieder darüber nach. Und ich bin mir sicher: Würde ich noch einmal gekidnappt werden, ich würde ohne eine Sekunde zu zögern kämpfen, selbst wenn es mich das Leben kosten würde. Immer noch besser als das, was jetzt begann.

Die kurze Höllenfahrt durch verwinkelte Gassen von Khan Al-Shih endete, als wir an einer Villa ankamen. Eine Gruppe von Männern, die am Boden saßen, jubelte, als wir auf das Gelände fuhren. Sie hatten ganz offensichtlich das Gebäude besetzt und waren außer sich, als sie das UN-Auto sahen. Man stieß mich aus dem Wagen, meinen Nacken noch immer nach unten gedrückt. Ich fühlte mich wie ein Opferlamm, nur dass das wenigstens erhobenen Hauptes zur Schlachtbank geführt wird. So stelle ich es mir zumindest vor. Ich blickte auf die Schuhe oder Füße vor mir und zählte ungefähr fünfundzwanzig Männer. Mir war klar, dass es sich hierbei nicht um gewöhnliche Kleinkriminelle handelte. Sie führten mich zuerst Richtung Haus, ließen mich dann den Weg zurückstolpern und fragten mich, wo das GPS im meinen Wagen sei. Ich wusste es nicht, sie aber fanden es in einer kleinen Box im Handschuhfach. Damit hätten meine Kollegen mich orten können. Doch erstens war es nun entdeckt, zweitens funktionierte es genauso wenig wie der rote Notfallknopf auf meinem mit dem Wagen verbundenen Motorola, und drittens wäre es ohnehin kaum möglich gewesen, ein Signal zu übermitteln, auch nicht mittels des Carlogs, weil in Khan Al-Shih ein schwarzes Loch ist, auch datentechnisch. Das wussten meine Entführer natürlich nicht und deshalb waren sie so erpicht darauf, das GPS zu finden. Anschließend führten sie mich wieder zum Haus, diesmal aber mit verbundenen Augen. Ich betrat es, stieg einige Stufen nach oben und wurde in einen Raum gebracht, der mir das Badezimmer oder eine Toilette zu sein schien, jedenfalls hörte ich Wasser tropfen. Sie rissen mir meine kugelsichere Weste herunter und meine teure Uhr, sie nahmen mir mein Geld und meinen UN-Reisepass ab. Dann musste ich meine Hosen herunterlassen. Sie durchsuchten mich, fanden aber anscheinend nichts mehr, was sie beunruhigte. Sie setzten mich auf einen Stuhl und schlossen die Tür und drehten den Schlüssel um.

Es war einer der irrsten Momente in meinem gesamten Leben. Da saß ich, meine Handflächen auf meinen Knien, und ich versuchte meinen Puls herunterzubringen. Ich atmete langsam, so wie ich es bei meinem Zen-Unterricht in Ottawa und Wien gelernt hatte. Ich wurde etwas ruhiger, und vermutlich verhinderten die Atemübungen, dass ich komplett durchdrehte. Ich weinte nicht einmal. Und das, obwohl ich erwartete, dass jetzt der Sensenmann zu mir kommen würde. Als vermummter, bärtiger, Arabisch sprechender Mann.

Eine halbe Stunde saß ich dort, umhüllt vom Dunkel und der Angst. Dann kamen meine Entführer zurück und schleppten mich aus dem Raum in einen anderen. In den Raum mit den IKEA-Schränken und dem Stockbett, aber das konnte ich in diesem Moment noch nicht sehen. Ich musste mich auf das untere Bett setzen, während die Männer am Schloss der Tür herumfingerten, sie schienen etwas auszuprobieren. Dann hörte ich Geschleife und Geziehe, als ob schwere Möbel verrückt wurden. Dann sagte eine Stimme, relativ nahe an meinem Kopf: »Osama bin Laden oder Baschar al-Assad?« Ich zuckte zusammen, weil die Stimme so nah war. Vom Akzent her war der Mann nicht von hier, ein Ausländer, vielleicht Pakistani. Aber was wollte er? Wollte er wissen, auf welcher Seite ich stand? Ob ich für Regimeführer Assad war oder doch für den Terrorfürsten bin Laden? Wunderbare Alternativen. Vor allem schien damit klar, dass die Männer Dschihadisten und Anhänger oder Verbündete Al-Qaidas waren, denn für Assad waren sie sicher nicht. Es hätte nicht schlimmer kommen können.

Die Frage hing noch in der Luft, als man meine Augenbinde herunterriss. Als meine Sicht etwas klarer wurde, bemerkte ich, dass vor das Fenster zwei schwere Schränke geschoben worden waren. Damit war ich sogar vom Tageslicht abgeschnitten. Vor mir eine ganze Gruppe von Männern in Kampfanzügen und mit Waffen. Einer der Männer setzte sich neben mich, seine Kalaschnikow auf dem Knie. »Don't worry«, knarzte er. »Keine Sorge.« Lustig. Der Mann schnarrte weiter, erzählte, er habe mich schon einmal gesehen, bei dem Dorf Jabatha auf den Golanhöhen, dort hatte die UNDOF einen Beobachtungsposten. Das konnte sogar stimmen, ich hatte dort öfter eine Einsatzgruppe angeführt, die Bewohnern medizinische Hilfe brachte. Doch warum war er dort gewesen? Es wurde immer unheimlicher. Die Gruppe verschwand, und die Tür fiel ins Schloss, dröhnend.

Ich sitze da und starre auf die Tür. All die Fragen, ob ich auf meine Frau hätte hören sollen, ob ich mich hätte retten können, prasseln auf mich ein. Sinnlos, aber selbst meine Atemübungen können sie nicht abwehren. Zwei Stunden habe ich Zeit, um gegen sie anzukämpfen, gegen sie und die Gedanken, was meine Entführer mit mir anstellen werden. Wären sie nur auf mein Auto oder mein Geld aus, hätten sie mich gar nicht erst hierhin verschleppt. Was also steckt dahinter?

Nach zwei Stunden kam ein Mann zurück, er sprach Französisch. Er trug traditionelle Kleidung, geeignet für den Kampf in der Wüste, darüber einen langen Mantel und ein sorgfältig gewundenes Tuch auf seinem Kopf. Ich fand heraus, dass er ein Iraker war, der vor mehr als zwanzig Jahren bei einer Firma in Frankreich als Klempner gearbeitet hatte. Ich dachte nur, dass er deswegen sicherlich gut darin wäre, Rohrbomben zu bauen. Der Klempner erklärte mir, dass man nur eine »Untersuchung« vornehmen und einige Fakten checken würde, und wenn alles in Ordnung sei, würde man mich entlassen, nach wenigen Tagen schon. Er blätterte durch meinen UN-Pass, warf einen Blick auf all die Stempel aus den verschiedenen Ländern, und ich war in diesem Moment einfach nur froh, keinen Stempel aus Israel zu haben. Das hätte vielleicht direkt meinen Tod bedeutet. Da aber beim Grenzübergang unsere Pässe nie von den Israelis abgestempelt worden waren und auch am Flughafen in Tel Aviv nur ein Extrablatt markiert wurde, passierte nichts. Auch hatte ich keine Visa aus Russland, dem Iran oder China, was mich vielleicht in ihren Augen zu einem Assad-Sympathisanten gemacht hätte, sind diese Länder doch entscheidende Unterstützer des Regimes. Der einzige Stempel, der mir Sorgen bereitete, war der aus Makedonien, aufgrund seiner kyrillischen Schrift. Was, wenn der Mann es mit einem Visum aus Russland verwechseln würde? Tat er aber nicht, zum Glück. Stattdessen fragte er mich, ob ich schon einmal in Israel gewesen wäre? Ich verneinte. Später sollte ich herausfinden, dass einige meiner Kidnapper der festen Überzeugung waren, dass ich ein Agent des Mossad sei oder sogar ein Zwei-Sterne-General und meine Reise nach Damaskus in einem UN-Wagen nichts als Tarnung. Doch der irakische Klempner gab sich zufrieden und zog sich zurück. Wieder fiel die Tür ins Schloss, mindestens genauso dröhnend in meinem Ohr und meiner Seele wie zuvor.

Bevor der Iraker mich verlassen hatte, hatte er noch einmal betont, dass man mich bestimmt nach wenigen Tagen freilassen würde. Ich glaubte ihm. Ich wusste noch nicht, dass ein Entführungsopfer nie seinem Entführer und dessen Bestätigungen und Versprechungen trauen kann. Man muss alles als Winkelzug und taktisches Spiel begreifen, um sich selbst emotional zu schützen, zu panzern. Manchmal mögen gewisse Versprechungen sogar stimmen und eingelöst werden. Doch meistens sind sie nur dafür da, um ein bestimmtes Ziel zu erreichen: den Gefangenen mürbe zu machen oder seinen Willen zu brechen. Oder ihn gefügig zu machen, um ihn leichter handhaben zu können. Meine Geiselnehmer versicherten mir immer wieder, man würde mich bald freilassen. Das Wort »bald« ist ein Schlüsselwort. Es ist der Zugang zum Ungefähren und Ungewissen und sickert wie ein Gift, das einen schleichend lähmt, ins Gemüt. Wenn man doch bald entlassen wird, warum sollte man sich wehren, warum sollte man abhauen? Das wäre doch erstens sinnlos, und zweitens würde man so vielleicht die Chance auf die Freilassung verspielen. Wenn man bald in Freiheit wäre, könnte man doch jetzt nur kurz kooperativ sein oder sogar besonders ergeben, vielleicht würde ja dann aus dem »Bald« ein »Sehr bald«. Das wird es vielleicht, aber eben nie ein »Jetzt«. Das Ungefähre ist eine der schärfsten und zugleich heimtückischsten Waffen von Entführern, und meine machten davon ständig Gebrauch. Immer wenn ich fragte, antworteten sie: »Boukra, bad boukra, inshallah!« »Morgen, übermorgen, so Gott will!«

SUAAD.Y.TAWIL

Hotel Khan Al-Shih

»You can check out any time you like,
But you can never leave!«

The Eagles, Hotel California

Ich fiel und fiel, und ich konnte nichts sehen, woran ich mich hätte klammern können. Kein fester Boden unter meinen Füßen, und das Licht der Freiheit war schon längst verblasst. Ich kam mir vor wie Alice, die in den magischen Kaninchenbau gerät. Ob am Ende auch ein Gerichtsverfahren stehen würde, genau so absurd wie in der Geschichte, mit dem einzigen Unterschied, dass ich nicht Zeuge, sondern Hauptangeklagter wäre? Wobei die Richter und anderen Offiziellen wirklich so irre waren wie in dem Buch. Mein freier Fall dauerte Monate, und dieses Kapitel versucht in kurzen Abschnitten zu erzählen, was mein Leben in dieser Zeit bestimmte. Abgesehen einmal von der Einsamkeit und vor allem einem: der Langweile.

Willkommen im Hotel Khan Al-Shih!

Die Umgebung für meinen freien Fall, der magische Kaninchenbau in Syrien gewissermaßen, waren zwei benachbarte Villen. Abu Jafaar meinte einmal, dass wir unter Umständen auf ein unterirdisches Versteck würden ausweichen müssen. Die Aussicht, kein Tageslicht und keine Möglichkeit mehr zu haben, ab und zu frische Luft zu schnappen, machte mir Angst. Es hätte außerdem Komplikationen für meine geplante Flucht bedeutet. Unter der Erde hätte ich mich wie ein Insekt gefühlt.

In gewisse Weiser profitierte ich davon, dass sich diese skrupellosen Dschihadisten unerlaubt in den besten Anwesen der Gegend breitmachten. Die Besitzer taten mir leid. Die Anwesenheit der Dschihadis war fast eine Garantie dafür, dass die Gebäude in Mitleidenschaft gezogen werden würden; entweder durch die Rebellen selbst oder durch ihre Feinde.

Die Villa war ein großes, solides Gebäude mit drei Stockwerken. Die Wände bestanden aus Zement und braunen Backsteinen. Ich bin mir nicht sicher, wie viele Kinder die Besitzer hatten, aber es gab genug Schlafzimmer für mehrere. Auf einem Foto, das ich in einem der Kleiderschränke fand, konnte ich sehen, dass es mindestens zwei waren. Im dritten Stock war das Schlafzimmer der Eltern, des Besitzers und seiner Frau. Der Raum war riesig, mit einem kleinen Vorraum, zwei Balkonen, einem Erkerfenster, einem Rückprojektionsfernseher, einem eigenen Badezimmer mit Sauna, einer Küchenzeile und einem angrenzenden Massagezimmer. Dort fand ich in einer Schublade auch die abmontierten Nummernschilder meines UNO-Fahrzeugs. Die Entführer nutzten diesen Raum ebenso intensiv wie die anderen vier Schlafzimmer. Das vierte Zimmer war meine improvisierte Gefängniszelle. Abu Jemen befahl mir bei einer Gelegenheit, das große Schlafzimmer zu putzen. Ich wehrte mich nicht dagegen, obwohl ich die Sorge hatte, dass das nur der Anfang sei und sie mich bald wie einen Sklaven demütigende Arbeiten würden verrichten lassen. Ich nutzte seinen Befehl aber, um den Raum zu erkunden und an weiteren Fluchtmöglichkeiten zu arbeiten, nachdem er mich mit einem Eimer Wasser zum Putzen dort eingesperrt hatte.

Der Innenhof war ebenfalls riesig und bot Platz für einen Pool, ein kleines Gartenhäuschen für Pool- und Gartenwerkzeug, eine große Einfahrt, eine Fläche, die allein für Grillpartys ausgelegt schien, einen Tennis- und einen Basketballplatz und einen Generatorschuppen. Der ganze Hof war von hohen

Mauern und Baumreihen umgeben. Für mich lag die Schönheit des Anwesens vor allem darin, dass es die Gegenwart der Islamisten vergessen ließ. Sie wirkten dort wie Fremdkörper, die solch einen Reichtum gar nicht verdienten. Nachdem die erste Villa beschossen worden war, zogen wir Ende August in die Nachbarvilla. Sie war zwar in einem anderen Stil gebaut worden, wies aber ähnliche Annehmlichkeiten auf wie unser erstes Domizil. An diesen beiden Orten sollte ich insgesamt acht Monate bleiben und viele bizarre, verstörende, aber auch interessante Erfahrungen machen.

Schnurrbart oder Vollbart, Assad oder bin Laden

Es war die entscheidende Frage gleich zu Beginn meiner Gefangenschaft gewesen: Assad oder bin Laden? Ich hatte damals die Frage nicht beantwortet und auszuweichen versucht. Die Zeit entschied sie langsam für mich, zumindest äußerlich. Zu Beginn hatte man mir zwar Rasierer und auch Rasierschaum gegeben, aber die hielten nicht lange. Ich sparte und sparte, nutzte die Rasierer, bis die Klingen stumpf und das Rasieren mehr ein Rupfen war, und doch nutzte es nichts: Langsam, aber sicher wuchs mir ein Bart. Irgendwann hatte ich keine Wahl mehr, ließ den Bart wachsen, als hätte meine Antwort auf die Frage »bin Laden« gelautet. Das war nicht der Fall, natürlich nicht. Wobei ich selbstverständlich auch nie »Assad« gesagt hätte. Jedenfalls spürte ich, dass mein wachsender Bart auch die Sympathien bei meinen Kidnappern wachsen ließ – oder zumindest die Akzeptanz. Für sie war ein Vollbart ein Muss, und wer keinen Bart trug, war kein anständiger Muslim. Für einen Dschihad-Kämpfer war es in ihren Augen sogar unverzichtbarer Bestandteil der Uniform, genauso wichtig wie das Gewehr oder die Pistole. Das klingt überzogen und fast lächerlich. Es ist irgendwie auch lächerlich, aber zugleich blutiger Ernst. Und in Gefangenschaft, während meines freien Falls, versuchte ich mich an allem festzuhalten, was mir in die Finger kam. Und wenn es nur ein wachsender Bart war.

Der Wunsch meiner Entführer, dass ich einer von ihnen würde, wuchs von Tag zu Tag. Mehr und mehr begriffen sie, dass sie für mich eventuell nichts bekommen würden. Und so wollten sie, dass ich wenigstens so aussah wie sie. Der Bart war dabei entscheidend. Und je länger er wurde, desto länger wurde noch etwas anderes: mein Kampfname. Zunächst begannen sie mich Abu Jibrael zu rufen, weil mein jüngster Sohn Gabriel heißt. Abu bedeutet »Vater«, und so nannte man mich Gabriels Vater. Mit der Zeit wurde daraus Talhah Abu »Dushka« Jibrael al-Kanadi. Talhah ibn Ubaydullah war ein Gefährte des Propheten Mohammed, der sich in verschiedenen Schlachten ausgezeichnet hatte, sodass ihm vom Propheten selbst der Beiname »der Großzügige« verliehen worden sein soll und er als einer der zehn Gefährten gilt, dem das Paradies versprochen wurde. »Dushka« war Russisch und meinte eigentlich entweder so etwas wie »Süße« oder »Süßer« – oder es war der Spitzname des Maschinengewehrs DShK. »Al-Kanadi« schließlich war lediglich eine Referenz auf meine Herkunft aus Kanada; viele Dschihadisten benutzen für ihren »nom de guerre«, ihren Kampfnamen, ihre Heimat, um anzuzeigen, woher sie stammen, von wo aus sie sich in den Dschihad aufgemacht haben und für welches Land sie Ehre für die angeblich heilige Sache, die in ihren Augen jeden Muslim angeht, erringen.

Aber warum dieser Bart? Manche meiner Geiselnehmer versuchten mir zu erklären, dass das hygienischer als ein

Schnurrbart sei. Weshalb? Das konnte keiner rational erklären. Meistens blieb nur der Verweis auf den Propheten und sein Vorbild. Für mich war das komisch. Denn zumindest bei diesen Fanatikern nahm der Prophet eine Rolle ein, die ihm von offizieller islamischer Seite aus gar nicht zusteht. Mohammed ist nicht göttlicher Natur, wie das Jesus im Christentum ist, er ist ein Mensch, wenn auch ein besonderer Mensch, nämlich das »Siegel der Propheten«, also der letzte und größte Prophet. Mohammed darf deshalb auch nicht angebetet oder verehrt werden, wie das beispielsweise mit Jesus oder zum Teil auch mit Maria im Christentum gemacht wird. Doch genau das taten die Dschihadis um mich herum. Sie versuchten, den Propheten in Äußerlichkeiten zu kopieren und machten aus Nebensächlichkeiten entscheidende Charakteristika, die darüber bestimmten, wer ein wahrer Muslim war und wer nicht. Wer also Freund oder Feind war, wer zum Tode verurteilt wurde und wer nicht.

Immerhin durfte ich mir nach mehreren Monaten die Haare scheren. Ich hatte bereits lange Zotteln und sah aus wie ein Rockmusiker – oder wie Tom Hanks in »Cast Away«. Jedenfalls fühlte ich mich eher wie ein Ausgesetzter auf einer einsamen Insel als wie ein gefeierter Musikstar. Ich hasste diesen Look und hatte Abu Hussain, der von allen Geiselnehmern am menschlichsten war, der mir immer wieder half, der mich mit Essen versorgte, das nicht auf der offiziellen Liste stand, der mir Kaffee aufhob, weil ich ihn so liebte, der kurzum eigentlich ein guter Mensch war, ich hatte also Abu Hussain immer wieder darum gebeten, mich rasieren zu dürfen, zumindest die Haare. Als der große Tag endlich kam, war ich unglaublich froh. Abu Hussain hatte einen elektrischen Rasierer mitgebracht, und ich durfte ins Badezimmer, natürlich unter Aufsicht, wo Abu Hussain begann, meine Matte abzurasieren. Ich fühlte mich danach einerseits wieder besser. Andererseits sah ich jetzt endgültig aus wie ein Verurteilter. Ein Verurteilter in einer Todeszelle.

Schachmatt

Die Langeweile war, wie bereits erwähnt, einer meiner größten Feinde. Und jede noch so kleine Abwechslung saugte ich förmlich auf, versuchte ich gierig so lange wie möglich auszukosten. Zum Beispiel die kurze Zeit, als einige der Entführer anfingen, mit mir Schach zu spielen.

Es war Anfang Juli, da tauchte ein Student in unserem »Fünf-Sterne-Hotel« Khan al-Shih auf. Vor seiner Rekrutierung hatte er bereits einige Semester Medizin studiert. Er erzählte mir, er stamme aus der Kleinstadt Artouz bei Damaskus. Man gab ihm die Aufgabe, mir die Mahlzeiten zu bringen. Manchmal stapelten sich die unzähligen runden Metalltabletts, auf denen er mir das Essen brachte, auf meinem Kleiderschrank wie der Turm zu Babel, bis sie eine der Wachen abholte. Die Wachen wurden natürlich regelmäßig abgelöst. Einige von ihnen, wie Abu Hussain, rasierten sich, um bei ihren regelmäßigen Fahrten nach Damaskus nicht den Verdacht zu erwecken, islamistische Rebellen zu sein. Andere zogen für einige Zeit in den Krieg. Viele von ihnen bekamen ihre Chance, dem Tod ins Auge zu sehen. Sie glaubten: Wenn ihre Zeit gekommen war, würden sie als Märtyrer sterben und direkt in den Himmel gelangen. Und dort, so ihre Hoffnung, wartete eine große Belohnung. Was für ein Irrsinn.

Der Medizinstudent war ein netter junger Kerl – sehr intelligent und für sein Alter von neunzehn Jahren relativ reif.

Er sprach etwas Englisch, sodass wir uns bis zu einem gewissen Grad unterhalten konnten. Jedoch musste ich öfter Dinge auf unterschiedliche Weise wiederholen, damit er verstand, was ich ausdrücken wollte. Er war durchschnittlich groß und sehr dünn, fast schon mager. Beim Armdrücken zeigte sich, dass dennoch einiges an Stärke in ihm steckte – und dass er stolz darauf war. Es reichte aber nicht, um mich zu besiegen. Er war sehr daran interessiert, mit mir zu diskutieren. Wenn ich Freigang hatte, begleitete er mich, und wir unterhielten uns lange. Man hatte ihn frisch rekrutiert und zur Villa gebracht, damit er dort die ersten Schritte in seiner Ausbildung zum Krieger für den Dschihad absolvieren konnte. Oft erzählte er mir, dass er nur im Krieg gegen Assad kämpfen wolle und bereit war zu sterben. Es schien, als hätte man ihn bereits der üblichen Gehirnwäsche unterzogen. Offensichtlich schützt Intelligenz nicht vor Manipulation.

Beim ersten ernsthaften Versuch, mich zum Islam zu bekehren, war er ebenfalls anwesend und als Übersetzer aktiv: Zwei junge Dschihadis mit Pistolen im Schulterholster betraten mein Zimmer. Ihre schwarze Kleidung, ihre Bärte und ihr religiöser Fanatismus schienen ganz bewusst gewählt zu sein, um mich einzuschüchtern. Einer von ihnen trug den nom de guerre Abu Yasser. »Sharia Islamiya helu!« – »Das Gesetz des Islam ist wunderschön«, sagte er zu mir. Damit versuchte er mich mit viel Gefühl und wenig Verstand davon zu überzeugen, dass die Scharia einem säkularen Rechtssystem überlegen sei. Mit erhobenem rechten Zeigefinger fügte er hinzu: »Allah wahed! Nasir laa.« – »Gott ist eins! Christen nein!« Er schien damit andeuten zu wollen, dass die Christen – von denen ich einer war – mit ihrem Glauben an die Heilige Dreifaltigkeit unrecht hätten. Dieser Idiot war auch in der zweiten Villa zugegen, wo er mich seiner ganz eigenen Form der Demütigung unterzog. Er befahl mir, mich auf den Rand des Bettes zu setzen, meine Beine parallel zum Boden anzuheben und meine Arme in einer Kreuzigungspose seitlich auszustrecken. Anschließend musste ich meine Arme vor meinem Körper verschränken, wie Muslime es beim Gebet tun. Dann sollte ich die Arme wieder ausstrecken und wieder zurück in die muslimische Gebetshaltung gehen. Diese Bewegung ließ er mich wiederholen, bis zu zwanzig Mal und mehr.

Der Medizinstudent war beim ersten Versuch wie gesagt anwesend. Ansonsten redeten wir über andere Dinge. Schach zum Beispiel. Er und sein ebenfalls frisch rekrutierter Bruder waren sehr an dem Spiel interessiert. Der Student erzählte mir, dass er aus einer Familie von Schachspielern stamme. Sein Vater und all seine Brüder spielten Schach, nicht selten in einem Schachklub der Stadt. Ich sagte, dass ich gerne mit ihnen spielen würde, wenn sie ein Schachbrett und Figuren besorgen könnten. Einige Tage später tauchte er mit einem gläsernen Schach-Set auf. Persönlich bevorzuge ich zwar hölzerne Sets, aber in dieser Situation wäre es wohl unpassend gewesen, Ansprüche zu stellen. Ich war begeistert von dem Gedanken, Schach zu spielen. Damit würde ich meiner Gefangenschaft gedanklich entfliehen können. Die Faszination des Spiels würde mich die Situation, in der ich mich befand, und diesen Ort vergessen lassen.

Der ältere Bruder des Medizinstudenten war mein erster Herausforderer. Das Schachspielen mit meinen Kidnappern hatte einen religiösen Beigeschmack, wie fast alle Interaktionen, die ich mit ihnen hatte. Die größte Überraschung bei unseren Schachduellen war jedoch ein Ereignis kurz vor unserem ersten Spiel: Der ältere Bruder brach das Kreuz ab, das die Figur des Königs zierte. Im Islam ist das Kreuz als Symbol verboten. Die radikalen Islamisten können Kreuze nicht ertragen und zerstören sie. Ein Kreuz wird nur für echte Kreuzigungen verwendet. In den letzten Jahren haben wir viele Bilder gesehen, in denen die Kämpfer des IS Menschen zur Strafe gekreuzigt haben. An die Kreuzigung Jesu zu glauben, ist für sie Blasphemie. Sie leugnen auch Jesu göttliches Wesen und dass er durch seine Kreuzigung die Menschheit von ihrer Sünde befreit hat.

Die ersten Spiele mit dem älteren Bruder des Medizinstudenten fanden auf dem Hauptbalkon der Villa statt, von dem aus man den Pool sehen konnte. Ein kleiner Marmortisch diente uns als Unterlage für das Schachbrett. Die gläsernen Figuren waren einfach und schmucklos. Ich glaube, dass ein König, dessen Krone von einem Halbmond geziert wird, meinem Gegner lieber gewesen wäre und die Figur hätte ersetzen können, dessen Kreuz er eifrig, fast schon fanatisch abgebrochen hatte. Ich schlug ihm vor, dass die Gruppe doch Schachfiguren suchen könnte, deren Könige Halbmonde tragen, damit diese besser zum Islam passten. Er lächelte erst breit und begann dann zu lachen.

Mit einem solchen Set hätte unser Spiel eine Schlacht zwischen zwei muslimischen Armeen symbolisiert, vielleicht eine Art fitna (»Glaubenskonflikt«) zwischen Schiiten und Sunniten. Für meine Gegner wäre das jedoch nicht zufriedenstellend gewesen, da ich bis auf ein Spiel alle gewonnen habe, obwohl die beiden Brüder aus einer Familie von Schachspielern kamen. Es vergingen einige Tage, bevor ich den Medizinstudenten herausfordern konnte. Unser Duell war langwierig und nervenaufreibend. Dem Studenten gelang es jedoch, mich am Ende zu besiegen, nachdem ich einen dummen Fehler begangen hatte, sodass er einen ungeschützten Turm schlagen konnte. Er und seine Waffenbrüder waren euphorisch. Ein militanter, sunnitischer Dschihadi hatte einen Westler, einen Christen und kāfir, besiegt. Für sie war dies ein deutliches Zeichen für die Überlegenheit des Muslimen über den Ungläubigen. Der Islam hatte offensichtlich die größeren Denker auf seiner Seite. Allahu akbar! Ich zeigte es zwar nicht offen, aber ich war nicht glücklich. Dieses Mal musste ich meinen Stolz hinunterschlucken.

Kurze Zeit später bekam ich meine Rache. Nach einem zweieinhalbstündigen Spiel eroberte ich mir meine Krone zurück. Das Triumphgefühl war für meine Kidnapper nur von kurzer Dauer gewesen. Das Spiel war wieder ein langwieriges, grabenkriegartiges Duell, das meinen Gegner sichtlich ermüdete. Schon vor dem Spiel hatte ich mich entschlossen, auf ein defensiv orientiertes Positionsspiel zu setzen. Unser erstes Spiel hatte mir gezeigt, dass der Mediziner ein aktiver Spieler war, der jeden unüberlegten Zug ausnützen würde, um unvorsichtig positionierte Figuren zu schlagen. Vorsicht, Geduld und Zermürbung mussten damit die Hauptpfeiler meiner Strategie sein. Das Spiel wendete sich, als mein Herausforderer seine Dame unbeachtet ließ und ich sie nehmen konnte. Ich ließ ihm keine Chance, schließlich hatte er mir bei unserem ersten Spiel auch keine gelassen, als er meinen Turm ungestraft hatte schlagen können. Seine Enttäuschung war groß, und auch die anderen Zuschauer schienen nicht sehr glücklich zu sein.

An diesem Punkt war ihre Moral im Keller. Ich konnte die Missgunst der Gäste und meiner Wachen förmlich spüren. Ich für meinen Teil war zufrieden und stolz, diesen selbstherrlichen Fanatikern eine Lektion in Demut erteilt zu haben. Triumphierend ging ich zurück in meine Zelle, überzeugt, dass ich mir etwas Respekt bei ihnen erworben hatte. Vielleicht hatte ich das damals sogar. Ihr Schweigen war in dieser Hinsicht nicht eindeutig. Ich hatte das Gefühl, dass es manchmal ärgerlich und manchmal respektvoll war.

Jedoch war dies unser letztes Spiel. Danach verschwanden immer wieder Spielfiguren. Jeden Tag war eine Figur weniger auf dem Schachbrett, das auf dem kleinen Tisch auf dem Balkon lag. Sie hatten genug davon, mich Schach spielen und vor allem gewinnen zu sehen. Solange es noch Spielfiguren auf dem Feld gab, spielte ich alleine. Manchmal spielte ich Situationen aus Endspielen nach, für die man weniger Spielfiguren brauchte.

Diese Schachphase mit meinen Entführern dauerte nicht lange, höchstens zwei Wochen. Für mich war es eine Möglichkeit, der Realität zu entfliehen. Eine Schachpartie ist so vielschichtig und variabel, dass man sein Leid damit gut verdrängen kann. Etwas Besseres kann sich ein Gefangener gar nicht erhoffen, um wenigstens gedanklich ein Ziel zu verfolgen, Optionen und Entscheidungen treffen zu können – Konzepte, die einem die Illusion der Freiheit geben können. Während ich sie auf dem Schachfeld besiegte, plante ich gleichzeitig, sie im echten Leben zu besiegen. Drei Monate später sollte ich diese Gelegenheit bei meiner Flucht bekommen. Vielleicht waren die Schachpartien schon eine gewisse Form der Vorbereitung gewesen.

Bücher

Wenn ich sage, dass ich Bücher liebe, ist das noch untertrieben. Jeder, der mich auch nur ein wenig kennt, weiß, dass ich ein Büchernarr bin. In meiner Gefangenschaft wurde diese Liebe allerdings auf eine harte Probe gestellt. Denn das meiste, was mir meine Geiselnehmer zu lesen gaben, diente nicht der Unterhaltung, sondern einem ganz anderen Zweck.

Meine Liebe zum Buch wuchs schon in meiner frühesten Kindheit, noch bevor ich lesen konnte. Zwei Menschen beeinflussten mich dabei besonders. Der erste war mein Großvater väterlicherseits, Charles-Édouard. Er war ein hochgebildeter, brillanter und wohlhabender Architekt und Städteplaner, der neben seiner jähzornigen Ader leider noch andere Charakterschwächen aufwies. Dennoch halte ich ihn in Ehren und vermisse ihn sehr. Sein Haus war voller Bücher; vor allem sein Arbeitszimmer, in dem ein luxuriöser chinesischer Holztisch stand, auf dem er Entwürfe für die Stadtplanung zeichnete. Sein Büro mit den Bücherregalen an jeder Wand, in denen auch einige prächtige und wertvolle Exemplare standen, hatte mich schon immer fasziniert, genau wie die Orgel, auf der mein Großvater mir von Zeit zu Zeit vorspielte. Damals konnte er sich als Mann von Rang und Namen und mit entsprechendem Vermögen schöne, ledergebundene Bände mit hochwertigen oder glänzenden Seiten leisten. Ich persönlich liebe diese Art Buch noch heute, auch wenn ich viele Taschenbücher und einen E-Reader besitze.

Mein Großvater fing an, mich das Schachspielen zu lehren, als ich fünf Jahre alt war. Ich bin ihm dankbar für seine große Geduld, da es nicht einfach ist, jungen Kindern Spiele beizubringen, die einen hohen Grad an Konzentration und gedanklicher Vertiefung erfordern. Viele Jahre lang besiegte mein Großvater mich bei unseren Schachpartien. Dann wurde ich zwölf. In den Sommerferien im Jahr 1976 war ich in meiner Heimatstadt Montreal regelmäßig in einen Schachclub namens Café En Passant gegangen. Der Name kommt von einem Schachzug, den man auf Französisch »la prise en passant« nennt und auf Deutsch und Englisch kurz »en passant« (»Im Vorübergehen«). Ein Mitglied des Schachclubs, ein Mathematiker, der das Spiel sehr ernsthaft betrieb, nahm sich meiner an und brachte mir die theoretischen Grundlagen des Spiels bei. Meine Fähigkeiten entwickelten sich rasant, und ich lernte zudem, mit einer Uhr neben dem Schachbrett zu spielen.

Die zweite Person, die mein Verhältnis zu Büchern prägte, war der Bruder meiner Mutter. Raymond war der Anführer einer Biker-Gang und hatte jede Menge Geld aus illegalen Geschäften. Trotz seines etwas außergewöhnlichen Berufs war er ein schlauer Mann und liebte es zu lesen. Er kaufte sich astronomisch viele Bücher und Nachschlagewerke zu den unterschiedlichsten Themen, aber seine Leidenschaft galt dem Okkulten, dem Übernatürlichen und dem Außerirdischen. Ich erinnere mich an teure, ledergebundene Bücher über Hexerei und magische Grimoires, die ich bei ihm gesehen habe. Ich fand sie irgendwie gruselig, aber auch auf eine gewisse Weise faszinierend.

Als ich entführt wurde, hatte ich zwei Bücher in dem UN-Fahrzeug bei mir, die ich für meinen Tag in Damaskus mitgenommen hatte. Ich habe immer Bücher dabei, auch wenn ich kaum Zeit zum Lesen habe. Die beiden Bücher waren »Der kleine Börsen-Berater« von Jason Kelly und »Die Balfour-Deklaration. Die Ursprünge des arabisch-israelischen Konflikts«. Die beiden Bücher waren weder schlecht noch besonders herausragend, begleiteten mich aber während meiner ganzen Gefangenschaft. Meine Entführer gaben mir die Bücher zurück, als sie sicher waren, dass der Inhalt nicht haram (verboten oder sündig) war.

Ein Buch zum Thema Börsenspekulation während meiner Gefangenschaft zu lesen, erschien mir schwer, wenn nicht sogar unmöglich. Immer wieder drifteten meine Gedanken ab. Sich mit diesem Thema zu beschäftigen, während mein Leben an einem seidenen Faden hing, war zu absurd. Warum sollte ich in dieser Situation an Strategien für Börseninvestitionen interessiert sein? Ich versuchte mich selbst davon zu überzeugen, dass es nützlich sein könnte, das Buch komplett zu lesen. Vielleicht würde ich den Inhalt anwenden können, sobald ich wieder frei war.

»Die Balfour-Deklaration« von 1917 war sicherlich das interessantere und angemessenere Buch in meiner Lage. Die Deklaration entstammt der Feder des britischen Außenministers Lord Balfour und war an Baron Lionel Walter Rothschild gerichtet, einen jüdischen Bankier, der zu der Zeit mehr oder weniger die jüdische Gesellschaft Westeuropas repräsentierte. In der Deklaration versprach Balfour den Juden nicht einfach einen unabhängigen Staat, sondern eine Heimat in Palästina. In dem Buch gab es auch viele interessante Kapitel zur Befreiung der arabischen Halbinsel von osmanischer Herrschaft. Die Schlüsselfiguren des Freiheitskampfes waren Scherif Hussein ibn Ali von Mekka und seine Söhne, sowie Thomas Edward Lawrence (»Lawrence von Arabien«), ein tollkühner Offizier der britischen Armee, dessen Abenteuer in dem Buch ebenfalls Erwähnung fanden. Anlässlich meiner misslichen Lage hatte das Buch eine besondere Relevanz: Die Konflikte, die vor einem knappen Jahrhundert in der Region, in der ich mich befand, stattgefunden hatten, trugen die Saat für einige der heutigen Auseinandersetzungen in sich. Irgendwann las ich das Buch jedoch nur noch wegen der Grammatik und Syntax. Englisch ist nicht meine Muttersprache, und ich wollte meine Kenntnis der Sprache schon immer perfektionieren. Da ich während meiner Gefangenschaft viel Zeit totzuschlagen hatte, konnte ich es mir leisten, die wenigen Bücher, die ich hatte, wieder und wieder durchzulesen.

Einer meiner Wächter trug grundsätzlich schwarze Kleidung und einen langen Ledermantel. Über die Schulter hatte er eine Kalaschnikow geworfen, in seinem Schulterholster steckte eine Pistole. Er hatte mich schon einmal mitten in der Nacht aufgeweckt, mir eine Taschenlampe ins Gesicht gehalten und »Assad hat Babys ermordet« zugeflüstert – als ob ich irgendetwas damit zu tun gehabt hätte. Ausgerechnet er brachte mir zu Beginn meiner Gefangenschaft ein historisches Nachschlagewerk auf Deutsch: die »Geschichte der Menschheit«. Mein Leseverständnis des Deutschen war begrenzt, aber ich konnte Verständnislücken mit meinem eigenen Geschichtswissen füllen. Die Schönheit dieses Buches lag darin, dass es dick und bebildert war, obwohl es nur die Ereignisse bis zum Jahr 1991 erfasste. Ich muss zugeben, dass es die beste psychologische Stütze war, die ich in meinen ersten Tagen und Wochen haben konnte. Während ich die meiste Zeit des Tages im Halbdunkel meiner kleinen, improvisierten Gefängniszelle verbrachte, blätterte ich immer wieder nervös im Buch und sah mir die Bilder an.

Diese Bilder trösteten mich. Sie zeigten mir die Geschichte der Menschheit, mit der ich mich verbunden fühlte. In einer unmenschlichen Situation gaben sie mir das Gefühl, Mensch zu sein. Einige der historischen Stätten, die abgebildet waren, hatte ich schon besucht. Andere Bilder zeigten Orte aus meiner Heimat: Europa und Amerika. Denn ich verstehe mich als Euro-Kanadier. Obwohl ich in Kanada geboren bin, habe ich einen beträchtlichen Teil meines Lebens in

Europa gelebt und gearbeitet. Für mich hatten diese Bilder fast so eine religiöse Wirkung wie Bilder von Heiligen für Christen. Sie gaben mir Halt und Trost. Die Welt dieses Buches war groß und voller fantastischer Orte, ganz im Gegensatz zu meiner kleinen Gefängniszelle, in der ich schließlich nicht freiwillig saß.

Man brachte mir auch alte Ausgaben unterschiedlicher Zeitschriften. Einige davon waren sehr unfromm, da sie viele Bilder von Frauen enthielten, auch wenn es keine Nacktbilder waren. Irgendwann wurden sie von einem meiner Wächter, einem salafistisch orientierten Krankenpfleger mit dem Kampfnamen Abu Huzaifa, konfisziert. Dank der Zeitschriften konnte ich in Erfahrung bringen, wem das »Hotel« hier gehörte. Auf einer der Zeitschriften, einer Ausgabe des SPIEGEL, klebten noch Name und Adresse des Abonnenten. Der Mann führte einen Doktortitel, seine Adresse war eine deutsche. Bei einer meiner späteren Recherchen fand ich heraus, dass der Mann eine Arztpraxis in einer deutschen Kleinstadt besaß. Während des Gerichtsprozesses gegen Abu Adam, einen meiner Wächter, erfuhr ich, dass ihm die Villa nicht gehörte, sondern dass er lediglich mit der Frau des Besitzers verwandt war.

Meine Entführer gaben mir auch ein Buch zum Thema Chirurgie, das sie in der Villa gefunden hatten. Vielleicht war das ein Indiz dafür, dass der Besitzer ebenfalls ein Mediziner war. Beim Lesen des Buches hatte ich allerdings so meine Probleme, da es nicht für fachfremde Leser geschrieben worden war. Da ich jedoch mehr als genug Zeit hatte, versuchte ich trotzdem, das Buch durchzulesen. Wusste der Besitzer, was die Islamisten in seiner Villa machten? Ich kann es nicht sagen. Vielleicht hat er es gewusst, weil man ihn darüber informiert hatte. Ich glaube aber nicht, dass er etwas mit den damaligen Besetzern des Hauses zu tun hatte.

Name und Anschrift auf den Adressaufklebern anderer Zeitschriften bestätigten seine Identität. Ein anderes Buch, das man in der Villa gefunden hatte, offenbarte, dass er in Dschidda in Saudi-Arabien gearbeitet hatte. Auf der Matratze meines Bettes fand ich zudem das Label eines Großhändlers aus Dschidda. Das Jahrbuch einer Koranschule in London – ebenfalls ein Fundstück der Villa – legte nahe, dass er dort gelebt oder studiert haben könnte. Ich sah mir die Bilder der Schüler an und verglich die unterschiedlichen Namen mit den Adressetiketten auf den Zeitschriften. Keiner der Namen passte. Was sich allerdings dadurch erklären lässt, dass alles an den Schwager des Besitzers adressiert war.

In der zweiten Villa gab man mir ein Anatomielehrbuch. Ich versuchte, den Inhalt auswendig zu lernen und die anatomischen Abbildungen nachzuzeichnen, wenn ich Stift und Papier zur Verfügung hatte. Auch dieses Haus schien einem Arzt gehört zu haben. Außerdem bekam ich dort zwei Koranübertragungen – eine auf Französisch, die andere auf Englisch, jeweils mit dem beigefügten arabischen Originaltext. Das interessanteste Buch, das meine Entführer in der zweiten Villa fanden, war jedoch eine arabisch-englische Fassung von Charles Dickens' »Eine Geschichte aus zwei Städten«. Es war eine Schulausgabe, in der leider einige Seiten fehlten. Die Geschichte faszinierte mich und erfüllte mich mit Hoffnung. Schließlich überlebten zwei der Hauptcharaktere ihre Gefangenschaft in der berüchtigten Pariser Bastille. Ich las das Buch eifrig mehrmals durch und versuchte, auch dieses Werk auswendig zu lernen. Mein Ehrgeiz war so groß, dass ich in meinem kleinen Zimmer eine Bühne aufbaute und das

Buch mit unterschiedlichen Stimmen für die Charaktere und den Erzähler nachspielte. Ich frage mich, ob die Wächter, die mich hörten, sich damals überlegten, ob ich langsam meinen Verstand verlieren würde. Das Gegenteil war der Fall: Die mentale Herausforderung des Auswendiglernens und Nachspielens sorgte dafür, dass mein Verstand nicht verkümmerte.

Schwarzer Panther und Erzengel Michael

Es gab neben den verschiedenen Katzen, von denen mir vor allem Angeline ans Herz wuchs, zwei treue Gefährten für mich. Gefährten, die allerdings niemand sehen konnte. Da war zum einen der schwarze Panther, dessen Spitzname auch der »Geist des Waldes« lautete. Diese große Raubkatze wurde so etwas wie mein Totem. Ich stellte mir vor, ich wäre selbst ein Panther. Meistens fühlte ich mich eher wie ein Reptil, regungslos und hilflos. Dann half es, sich den Panther vorzustellen, allerdings in Freiheit und nicht wie in dem berühmten Gedicht von Rainer Maria Rilke – hinter Gittern und mit müdem Blick. Nein, ich stellte mir vor, ein gefährlicher Jäger zu sein, obwohl ich objektiv gesehen ein Gefangener und ein Opfer war. In meinem Geist wenigstens war ich wie der Geist des Waldes, der auf seine Chance lauerte. Er musste seine Sinne immer wach halten, musste sie immer schärfen, musste immer bereit sein, aufzuspringen und loszustürmen. Als Panther konnte ich mich nicht hängen lassen, selbst wenn es auf den ersten Blick so aussehen sollte. Ich musste von einer Beute, die ich war und die nur deshalb noch nicht gefressen worden war, weil sie noch von größerem Nutzen sein konnte, selbst zu einem Raubtier werden. Im Englischen stehen für diese Metamorphose die Begriffe »prey« (»Beute«) und »predator« (»Raubtier«). Predator wurde für mich zum

Schlüsselbegriff, um nicht durchzudrehen, um nicht aufzugeben, um mir vorzustellen, wie ich fliehen würde und wie ich – ja, ehrlicherweise auch das –, wie ich über meine Geiselnehmer herfallen würde, wie sie plötzlich von Raubtieren zur Beute, von »predators« zu »prey« werden würden. Ich konnte diese dunklen Gefühle nicht unterdrücken, und ich wollte es auch nicht. In diesen Tagen hatte Thanatos, der griechische Todesdämon, mich oft fest im Griff. Und der Griff gewann immer dann an Stärke, wenn ich an das Steakmesser dachte, das ich hatte einstecken und verbergen können. Es gab mir das Gefühl, weniger Beute und mehr Raubtier zu sein. Ich war bereit, alles für meine Flucht zu tun, zumindest in diesen Augenblicken. Ich war mir sogar dessen bewusst, dass solche Taten mein Leben für immer verändern würden. Wenn es schief gehen sollte, ohnehin. Aber auch im Erfolgsfall. Doch mein Leben und ich – wir hatten uns schon längt verändert. Die Frage war nur: wohin und wie weit? Würde der schwarze Panther für immer mein Gefährte bleiben, selbst wenn ich ihn nicht mehr brauchen sollte?

So wie die dunkle Seite für mich überlebenswichtig war, so war es zugleich auch deren Pendant, vielleicht sogar noch mehr. Ich fand diese andere Seite, meinen zweiten Kompagnon, in der Gestalt des Erzengels Michael. In dem Erzengel, der oft als Anführer der Engel dargestellt wird, der sich dem Satan und dessen Schergen entgegenstellt, ihn auf den Boden wirft, ihm seinen Fuß auf die Brust setzt und ihn erst mit der Lanze aufspießt und dann zurück in den Abgrund der Hölle wirft, aus dem er stammt. Die Parallelen zu meiner Situation, Hölle und Satan, sah ich jeden Tag.

Ich weiß, dass unter meinen Kidnappern auch gute Menschen waren, Menschen wie Abu Hussain. Er und Abu Zaid wären bei mir zu Hause immer als Gäste willkommen, sobald sie ihre Kalaschnikow abgeben und aufhören würden, dem Wahn des Dschihads zu folgen. Dann würde ich sie jederzeit bei mir begrüßen. Das mag verrückt klingen, vielleicht nach dem Stockholm-Syndrom. Ich vergesse allerdings nicht, was sie getan haben, dass sie sich einem Haufen von Fanatikern angeschlossen und als Werkzeuge einer tödlichen und schrecklichen Sache gedient haben. Das weiß ich. Und doch versuche ich, auch die Menschen zu sehen, und ich versuche, mich zu fragen, was aus diesen jungen Männern ohne den Bürgerkrieg vielleicht geworden wäre. Gerade in der Gefangenschaft, in der auch meine dunklen Seiten aufbrachen, war es für mich entscheidend, das Menschliche in den Leuten zu sehen, die etwas Unmenschlichem dienten. Dieses Unmenschliche, dieses Teuflische ist der Islamismus, wie er von den Dschihadisten geglaubt und gepredigt, wie er von ihnen gelebt und für den auch gestorben wird. Nicht Abu Yasser oder Abu Adam, dem in Deutschland der Prozess gemacht wurde, an sich sind teuflisch. Sie kommen mir eher vor wie bloße Schergen, während Satan in diesem Fall die islamistische Ideologie ist.

Diese Ideologie war schuld daran, dass ich immer weiter in einen Abgrund stürzte. Für einen Dschihadisten war ich Feind, weil ich nicht Freund war. Weil ich Kanadier und damit Westler war und für die Vereinten Nationen arbeitete. Und weil ich keinen Bart trug und kein anständiger Muslim war. Michael wurde in der Gefangenschaft zu meinem persönlichen Schutzengel gegen diese Feinde. Nur dass er Satan nicht herunterstoßen, sondern mir in diesen dunklen Schacht nachfliegen, meinen freien Fall stoppen, mir die Hand reichen und mich hinauf ans Licht holen sollte. Selbst wenn man mich nicht ermorden würde: Ein Leben unter der schwarzen Flagge des Kalifats wäre für mich kein Leben, ich würde es nicht ertragen. Ich wusste gar nicht, was schlimmer war: hier isoliert und eingeschlossen zu sein, mit dem Psychoterror, mit dem sie mich folterten. Oder die Vorstellung, in einem Kalifat leben zu müssen, angeblich frei. Beides würde ich nicht überstehen, da war ich mir sicher. Und so wurde Michael zu meiner Stütze, zu meiner Hoffnung, und das, obwohl ich nie viel auf Engelglauben gegeben hatte. Jetzt betete ich regelmäßig zu ihm – wie übrigens auch meine Mutter, ohne dass ich das wusste.

Ich begann sogar, regelrechte Rituale zu veranstalten, um die vier Engel Michael, Raphael, Gabriel und Uriel anzurufen. Mit einem Bannkreis und anderen Dingen, die mehr mit Aberglauben und magischem Nonsens zu tun hatten als mit christlichen Gebeten. Ich hatte schon immer eine gewisse Schwäche für okkulte Traditionen gehabt, hatte mich dafür interessiert, ohne dass ich sie intensiv ausgeführt oder verfolgt hätte. Doch in der Verzweiflung meiner Gefangenschaft probierte ich alles aus, was mir in den Sinn kam, fast alles. Dabei musste ich natürlich aufpassen, nicht erwischt zu werden. Das Ganze hätte mich leicht das Leben kosten können.

Trotzdem tat ich, was aus heutiger Sicht abergläubischer Blödsinn ist, abgesehen einmal von meinen Gebeten zum Erzengel Michael. Warum tat ich es? Aus Verzweiflung, sicher. Vor allem aber aus Langweile, einem der schlimmsten Folterinstrumente meiner Geiselnehmer. Für jemanden, der sich irgendwo in Europa in seinem Alltag abrackert, der sich lieber mehr freie Minuten zum Verschnaufen wünscht, mag das seltsam erscheinen. Doch gerade die Langweile ist eines der schärfsten Schwerter in der Gefangenschaft. Der schwarze Panther und der Erzengel Michael waren Schutzschilde gegen diese Langweile – und dazu noch unsichtbare, die mir niemand nehmen konnte. Fernsehen, Magazine, Spaziergänge, das alles konnten mir meine Geiselnehmer verweigern, und das taten sie auch, besonders, als sie begannen, mich zur Konversion zu zwingen. Doch der Panther und Michael, die waren unantastbar und deshalb so wichtig für mich.

Bis heute glaube ich, dass an jenem 16. Oktober, der noch kommen sollte, dass damals der Erzengel Michael wirklich seine Finger mit im Spiel hatte. Natürlich gibt es keinen Beweis dafür und stattdessen einige rationale und logische Erklärungen. Vielleicht mag manch einer auch einfach vom Zufall sprechen – für mich trägt allerdings dieser Zufall die Handschrift meines Schutzengels. Ich brauchte dabei auch viel Mut, Kraft und Selbstüberwindung. Deshalb macht es mich so zornig, dass in einem Untersuchungsbericht der Vereinten Nationen meine Flucht als nicht plausibel bezeichnet wurde. Wie können sie es wagen zu ignorieren, was ich aufbieten musste, um die Möglichkeit zu nutzen, die sich mir bot? Ahnen sie, wie viel Angst ich hatte, Angst vor der Chance, die plötzlich da war? Die Angst davor wegzurennen, war ab und zu sogar größer als die Panik, das Leben hier zu verbringen. Nicht oft, aber in einigen Augenblicken. Und gerade deshalb bleibt der Erzengel Michael für mich einer der Helden meines Überlebens und meines Wegs. Auch wenn in den Monaten, als er und der schwarze Panther mich aufrecht hielten, ich davon nur träumen konnte. Und manchmal nicht einmal das.

E. T. nach Hause telefonieren

Meine Kidnapper oder die Leute, die für sie verhandelten, führten während meiner Gefangenschaft unzählige Telefonate. Sie riefen meine Eltern an, vielleicht die UNO, mit Sicherheit aber die kanadische Botschaft in Amman. Die meisten Anrufe gingen an meine Frau, die auch als Mittlerin für die UNO fungierte, indem sie jede Nachricht meiner Entführer an die Organisation weiterleitete. Kaum eine Woche nach meiner Entführung riefen sie meine Frau an und teilten ihr die Höhe ihrer Lösegeldforderung mit: die wahnsinnige Summe von sieben Millionen Dollar.

Das erste Telefonat, bei dem ich reden sollte, fand im April 2013 statt und ging an meine Frau. Meine Entführer brauchten lange für die Entscheidung, mich diesen Anruf tätigen zu lassen. Im März hatten sie bereits erwähnt, dass die Möglichkeit bestände. Kurz vorher hatten sie ein Video mit einem Lebenszeichen von mir gedreht. Jedoch brauchten sie noch einige Wochen, um eine Entscheidung zu fällen. Ich war sehr aufgeregt und wollte das Telefonat so schnell wie möglich führen. Für mich stellte dieser Anruf die Hoffnung dar, dass die Verhandlungen für meine Freilassung im Gange waren und sich etwas tat. Ich sehnte ich mich danach, die Stimme meiner Frau zu hören, zu erfahren wie es ihr, meinen Söhnen, meinen Eltern und Freunden ging.

Endlich kam der lang erwartete Tag. Sie traten plötzlich in meine Zelle und befahlen mir, mich fertig zu machen, da wir erst noch eine Wegstrecke mit dem Auto zurücklegen würden. Ich zog mir schnell die Kleidung über, die man mir in den vorherigen Wochen gegeben hatte, darunter eine wasserfeste Jacke von Barbour, die ich bis heute als Andenken an die »guten alten Zeiten« meiner Gefangenschaft behalten habe. Mit einer rot-weiß karierten Kufiya wurden mir die Augen verbunden. Auch dieses Kleidungsstück sollte mich für längere Zeit begleiten. Während meiner Flucht nutzte ich das Tuch, um wie ein Einheimischer zu wirken. Abu Jafaar führte mich so zum Auto. Wir gingen zweieinhalb Treppenabschnitte hinunter zum Erdgeschoss, vorbei an der Küche zur Vordertür.

Unser Gefährt war der UNO-Geländewagen, aus dem man mich entführt hatte: mein weißer Toyota Prado. Die Entführer hatten einige Veränderungen am Auto vorgenommen: Die UNO-Symbole waren von Seitentür und Motorhaube verschwunden, das UNDOF-Nummernschild war abmontiert und der CarLog entfernt worden. Die Bremslichter waren mit einem schwarzen Netz bedeckt, sodass man sie bei einem Bremsmanöver nicht sehen würde. Wir waren zu viert im Auto. Meysera, der mir die letzten Wochen fast täglich Essen gebracht hatte, saß zu meiner Linken auf der Rückbank. Zwischen seinen Beinen hielt er eine Kalaschnikow. Abu Jafaar saß auf dem Beifahrersatz und war mit einer Uzi bewaffnet. Der Fahrer war »der Mann von der Freien Syrischen Armee«. Ich nenne ihn so, weil er sich mir gegenüber damals so vorgestellt hatte. Er hatte mir auch erzählt, dass er Soldaten an Straßensperren getötet hätte; im Vorbeifahren, auf einem Motorrad, mit einer schallgedämpften Waffe. »Pfff! Pfff!« – so hatte er die Geräusche der Schüsse nachgeahmt. Und ich? Ich hatte ein spitzes Küchenmesser verstecken und mitnehmen können, für den Fall, dass sich mir eine Gelegenheit zur Flucht bieten sollte. In Gedanken hatte ich mir Szenarien ausgemalt, wie ich während einer Fahrt auf meine Entführer losgehen würde. Dem neben mir würde ich das Messer in den Oberschenkel rammen. Dann würde ich seine Waffe an mich reißen und die beiden anderen damit erschießen. Das würde viel Mut und Entschlossenheit erfordern, schließlich wäre so etwas blutig und abstoßend. Zudem würde ich sofort getötet oder schwer verletzt werden, sollte ich dabei versagen. Dafür hätte ich jedoch wesentlich verzweifelter sein müssen. Zu diesem Zeitpunkt, im April, hoffte ich noch darauf, dass man die Lösegeldforderung meiner Entführer erfüllen würde.

In völliger Dunkelheit fuhren wir fünfzehn Minuten lang auf ungeteerten Straßen durch die Felder um Khan Al-Shih, bevor wir zum ersten Mal anhielten. Immer wieder wurde die Fahrtrichtung geändert. Während dieser aufreibenden ersten zwei bis drei Kilometer musste ich mich ducken. Als man mir erlaubte, wieder aufzuschauen, konnte ich nur Schemen in der Dunkelheit wahrnehmen.

Meysera hatte mir eine Dose Coca-Cola angeboten. Selbst unter normalen Umständen wäre das ein besonderer Genuss gewesen, da ich nur selten eine trinke. Die Cola erinnerte mich an unzählige Details aus der Welt, die ich verlassen hatte. Sie erinnerte mich an meine Jugend und ein Leben weit weg von den Islamisten. Kurzum, sie erinnerte mich an eine freie und tolerante Gesellschaft, Lichtjahre von der Kultur entfernt, die die Islamisten auf den Ruinen meiner eigenen errichten wollten. Der Genuss des süßen, kohlensäurehaltigen Getränks tröstete mich.

Als wir an einer von Rebellen kontrollierten Straßensperre hielten, befahl mir Abu Jafaar, mein Gesicht mit dem Halstuch zu bedecken. Vielleicht waren diese Rebellen Teil einer anderen Gruppierung gewesen, und meine Entführer dachten, dass sie nicht vertrauenswürdig genug waren. Wer weiß, was sie getan hätten, wenn sie mich in dem Auto als Westler identifiziert hätten. Bei jedem Kontrollpunkt mussten sie das Auto anhalten und sich den Rebellen zu erkennen geben.

Meine Entführer hatten mir erklärt, dass es schwerer sei, einen Handy-Anruf nachzuverfolgen, wenn er von einem Auto aus geführt würde. Aus Sorge, dass man sie würde aufspüren können, hatten sie den Anruf daher nicht in der Villa tätigen wollen. Als wir letztendlich anhielten, wählte Abu Jafaar die Nummer meiner Frau in Wien. Das Auto stand am Straßenrand, neben einem verlassenen ländlichen Gebäude, das zusätzlich Sichtschutz bot. Es war pechschwarz draußen. Abu Jafaar sprach kurz mit meiner Frau, bevor er mir das Telefon gab. Dieser Moment erfüllte mich mit Freude. Meine Frau und ich tauschten zärtliche Worte aus und fragten einander, wie es uns gehe. Sie erzählte mir auch von meinen Söhnen, Eltern und Freunden. Danach kamen wir zur Sache. Ich sagte, dass die Forderungen meiner Entführer erfüllt werden müssten, damit sie mich freiließen.

Bei diesem ersten Telefonat musste ich noch keine Drohungen im Namen meiner Entführer ausrichten. Ich wusste zu dem Zeitpunkt auch noch nicht, welche Forderungen sie gestellt hatten. Bis dahin hatten meine Entführer nichts dazu gesagt, einer von ihnen hatte lediglich eine Summe von ein bis zwei Millionen Dollar erwähnt. Erst später erfuhr ich, dass es sieben Millionen gewesen waren. Ich telefonierte noch mit meiner Frau, als wir plötzlich Schüsse in der Nähe des Fahrzeugs hörten. Der Fahrer drückte das Gaspedal durch und raste los. Ich glaube nicht, dass meine Frau in dem Moment etwas gehört hatte. Ich ließ sie wissen, dass um uns herum schwer geschossen würde und sie in der Leitung bleiben solle. Die Verbindung brach jedoch plötzlich ab.

Wir fuhren noch ein ganzes Stück weiter, bevor wir wieder anhielten.

Abu Jafaar versuchte noch einmal, meine Frau anzurufen – ohne Erfolg. So entschied man, dass ich schon genug mit ihr geredet hätte und wir zur Villa zurückfahren würden. Dort angekommen, ging ich hoch zu meiner Zelle. Ich war froh und voller Hoffnung, aber das hielt nicht lange an. Abu Jafaar sagte mir, ich müsse damit rechnen, ein bis eineinhalb Jahre oder länger in Gefangenschaft zu verbringen. Er fügte hinzu, dass die Verzweiflung mich irgendwann übermannen werde, dass ich das aber aushalten müsse. Sagte er mir das, weil er sich an seine eigene furchtbare Gefangenschaft und Folter in einem syrischen Gefängnis erinnerte? Ich konnte in seinen Augen sehen, dass etwas in ihm zerbrochen war. Mit diesem pessimistischen Gedanken ließ er mich in der Einsamkeit zurück.

Im Lauf des Aprils führte ich noch drei weitere Telefonate, um die Lösegeldforderung zu bekräftigen. Bei diesen Gesprächen trug man mir auf, meiner Frau auszurichten, dass man mich umbringen würde, sollte das Lösegeld nicht gezahlt werden. Meine Eltern konnten wir nicht erreichen, denn sie weigerten sich, den Hörer abzunehmen, sobald sie eine syrische Nummer im Display sahen. Meine Entführer wurden immer verzweifelter und gaben die Hoffnung auf, dass sie ein Lösegeld von meinem Land bekommen würden, zumindest auf direktem Wege. Die UNO hatten sie bereits von ihrer Liste potenzieller Lösegeldzahler gestrichen. Damit waren nur noch meine Eltern geblieben. Nachdem wir meine Eltern nicht hatten erreichen können, riefen wir meine Frau an und baten sie darum, meine Eltern zu kontaktieren und ihnen auszurichten, dass sie dringend ans Telefon gehen müssten. Endlich erreichten wir sie. Unser Gespräch war sehr emotional, ich beschwor sie, für die Zahlung des Lösegelds zu sorgen. Dieses Mal sagte ich auch explizit, dass man mich töten würde, sollte keine Zahlung stattfinden. Abu Jafaar hatte mir allerdings versichert, man würde mich bei Nichterfüllung der Forderung nicht töten. Nach diesem Telefonat vergingen zwei Wochen, ohne dass jemand reagierte. Meine Entführer entschlossen sich, einen weiteren Versuch zu wagen und wieder direkt meine Eltern anzurufen, doch davon ausführlicher im Kapitel »Bruder, tötet ihn nicht!«. Alle Anrufe an meine Eltern machte ich aus meiner Zelle heraus, obwohl meine Entführer sich sorgten, dass man sie zur Villa würde zurückverfolgen können. Die Anrufe waren immer kurz. Vielleicht benutzten sie auch eine jordanische SIM-Karte – eine gängige Taktik unter syrischen Rebellen.

Irgendwann nach meinem Geburtstag am 20. Mai musste ich den seltsamsten Anruf meiner Gefangenschaft tätigen. Dieses Mal rief ich nicht von der Villa aus an. Meine Entführer hatten sich entschlossen, dieselbe Methode wie bei meinem ersten Telefonat zu verwenden und mit meinem »konfiszierten« Fahrzeug zu fahren. Abu Nasser steuerte den Wagen, hatte aber trotzdem eine Kalaschnikow neben seinem Bein. Abu Muhammed saß bewaffnet auf dem Beifahrersitz, und Abu Jafaar saß mit mir auf der Rückbank. Er hatte seine Uzi dabei und trug eine Pistole im Brustholster seiner taktischen Militärweste. Da wir tagsüber fuhren, musste ich mein Gesicht wieder mit meiner Kufiya bedecken. Auf dem Weg hielten wir kurz bei einem Haus, aber ich wusste nicht, aus welchem Grund. Nur Abu Nasser verließ den Wagen. Vielleicht war es das Haus seiner Familie.

Sehr wahrscheinlich waren wir in einem von Rebellen kontrollierten Gebiet. Wir setzten unsere Reise fort und fuhren zwanzig Minuten lang auf einer Landstraße, durch verschiedene Dörfer hindurch, bis wir an einem Friedhof ankamen. Ich konnte frisch ausgehobene Gräber sehen und glaubte, dass man mich nun in eines davon werfen würde. Seltsamerweise beruhigte mich dieser Gedanke nach der ansteigenden Spannung der letzten drei Monate. Der Albtraum würde ohne Umschweife ein Ende nehmen, wenn auch ein unwiderrufliches.

Das war es jedoch nicht, was meine Mitreisenden geplant hatten. Sie wählten eine Nummer und gaben mir das Handy. Am anderen Ende der Leitung hörte ich die Stimme eines Mannes. Er sagte mir, dass er für eine nichtstaatliche Hilfsorganisation, die Geiseln hilft, in der Türkei arbeite. Tatsächlich war er der UNO-Unterhändler, dem man meinen Fall übertragen hatte. Er stellte einige Fragen, hauptsächlich zu meiner Gesundheit. Ich beging den Fehler und sagte ihm, dass es mir gut gehe – schließlich ist alles im Leben relativ. Er versicherte mir, dass man alles unternehme, um mich so bald wie möglich zu befreien. Das klang zu schön, um wahr zu sein, aber ich wollte daran glauben und dankte ihm für seine Mühe. Es stellte sich heraus, dass dieser Anruf dazu gedacht gewesen war, ein weiteres Lebenszeichen von mir zu übermitteln. Wir stiegen ins Auto und ließen den Friedhof hinter uns, fuhren an einer schwarz verschleierten Frau vorbei, die am Straßenrand entlang lief, um uns herum nur Felder. Für einen kurzen Moment dachte ich, dass dies eine großartige Möglichkeit zur Flucht sei. Was würde passieren, wenn ich Abu Jafaar erstach, mir seine Waffe nahm und die anderen erschoss? Der Wagen würde verunglücken, nachdem der verletzte Fahrer die Kontrolle verloren hätte. Mit ein bisschen Glück wäre ich so wenig verletzt, um aus dem Fahrzeug zu kriechen und über die Felder Richtung Anti-Libanon-Gebirgszug zu laufen. Dort würde ich wahrscheinlich auf Kontrollposten der syrischen Armee treffen oder direkt nach Camp Faouar in den Golanhöhen reisen.

Ende Mai gab man mir höflicherweise eine letzte Möglichkeit, meine Frau vom Balkon der Villa aus anzurufen. Während des zehnminütigen Telefonats versicherte ich ihr, dass es mir gut gehe, und hörte mir die Neuigkeiten über die Menschen an, die mir am Herzen lagen. Weil ich sehr penibel bin, was die Ordentlichkeit meiner Angelegenheiten angeht, bat ich sie darum, meine Bank und die University of London anzurufen. An der Universität war ich in einem Master-Studiengang für Internationales Recht eingeschrieben. Ich bat meine Frau, das Sekretariat über den Grund meiner Abwesenheit in der Prüfungsphase im Mai in Kenntnis zu setzen. Ich wollte nicht, dass man die verpassten Prüfungen als Fehlversuch eintrug, damit ich später noch einmal die Gelegenheit haben würde, den Studiengang abzuschließen. Mittlerweile habe ich das auch getan.

Herzlichen Glückwunsch!

Höhepunkte gab es in meinem Leben als Geisel wenige. Klar, dass deshalb selbst kleine Ereignisse zu Highlights wurden. Sei es, dass mir Abu Hussain, der für uns kochte, irgendetwas in die Zelle brachte, was die übliche Monotonie des Speiseplans durchbrach. Sei es, dass etwas Merkwürdiges passierte, etwa, dass Abu Hussain einmal, als er an einem Apriltag in meine Zelle kam, laut rief: »Mabrouk!« »Herzlichen Glückwunsch!« Ich glotzte ihn nur verwirrt an und sah dann, dass er etwas in der Hand hielt, das wie ein Paar Socken aussah. Es waren tatsächlich Socken, und zwar die am schlechtesten verarbeiteten Socken, die ich je gesehen hatte. So dünn, dass ich fast hindurchschauen konnte, und aus irgendwelchen künstlichen Fasern gefertigt, gegen die sogar chinesische Fabrikate als feinste Stoffe gelten konnten. Abu Hussain aber schwenkte das Paar wie einen Pokal oder ein Diplom, und ich musste unwillkürlich daran denken, dass er früher einmal Mathematiklehrer an einer High School gewesen war und so vielleicht auch Schüler zu einer guten Note oder ihrem Abschluss beglückwünscht hatte. »Mabrouk!«

Für mich war die Szene einerseits urkomisch. Der Socken schwenkende Abu Hussain, in seinem üblichen Outfit mit Sturmhaube auf dem Kopf, voller Begeisterung. Andererseits spürte ich in diesem Moment selbst eine unbändige Freude und war fast glücklich, weil ich endlich meine eigenen Socken, die nach drei Monaten Gefangenschaft völlig ramponiert waren, gegen ein anderes Paar austauschen konnte. Unter anderen Umständen hätte ich dieses Paar nicht einmal als Socken identifiziert. Jetzt aber fühlte ich mich beschenkt, wirklich beschenkt.

Ich habe die Socken bis heute aufgehoben, sie sind eine Art Glücksbringer geworden – und zu einer Erinnerung. Sie sollen mich daran erinnern, wie glücklich wenig machen kann, und dass viel von dem, was wir als selbstverständlich erachten, überhaupt nicht selbstverständlich ist. Ich habe solche Sätze schon so oft gelesen und meistens einfach übersprungen. Ich bin lange ein Materialist gewesen, ich liebe noch immer das schöne und angenehme Leben, Essen, Kleidung, Musik, und das hat sich auch durch meine Gefangenschaft nicht geändert. Doch dort in der Zelle, mit den neuen Socken an den Füßen, begriff ich, was diese Sätze, die ich so oft überlesen und insgeheim nicht selten auch belächelt habe, wirklich bedeuten. Ich spürte, dass ein Teil von mir begonnen hatte, meinen Tod zu akzeptieren. Ich würde nicht sagen, dass ich wirklich bereit war zu sterben. Bereit in dem Sinne, dass ich Abschied genommen und meinen Frieden mit allem gemacht hatte, nein. Immer wieder spürte ich das Adrenalin und den Lebensdurst, wenn ich über meinen Tod nachdachte. Aber ich begann anzunehmen, dass wir in unserem Leben so Weniges unter Kontrolle haben und dass alle Versuche, sich an dieser Vorstellung festzuklammern, Sachen greifen und fixieren zu wollen, wirklich nur so enden wie der freie Fall von Alice in dem Kaninchenloch. Und weil das so war, verstand ich auf einmal, weshalb so viele kluge und weise Frauen und Männer raten, auch die Kleinigkeiten wertzuschätzen. Selbst wenn es die billigsten Socken der Welt sind.

Unter Beschuss

Ich kannte das Geräusch von abgeschossenen Raketen, vom Peitschen der Gewehrsalven, von einschlagenden Bomben und Granaten auch schon aus der Zeit vor meiner Gefangenschaft. Doch diese Geräusche und ihre Begleiter waren in meiner Zelle plötzlich zu etwas anderem geworden: zur puren Unterhaltung. Das klingt zynisch, und das war es irgendwie auch: eine der Absurditäten, die meine Gefangenschaft meiner Seele bot. Doch es stimmt: Wenn es wieder einmal mit dem Bombardement losging – und das geschah ziemlich oft –, dann war es wie eine Lightshow mit vielen Special Effects, besonders bei Nacht.

Die surreale Lightshow am Wüstenhimmel war aber dann doch nur ein Aspekt, der mich an dem Beschuss faszinierte.

Ein anderer war meine Hoffnung, dass die Rebellen besiegt und die Gegend hier von der Armee eingenommen würde. Nicht, dass ich trotz wachsenden Barts innerlich ein Assad-Anhänger war. Für mich galt in diesen Tagen, Wochen und Monaten schlichtweg die alte Devise: Die Feinde meines Feindes sind meine Freunde. Ich wusste sehr genau, dass mich ein Vorrücken der Truppen das Leben kosten konnte. Eine Bombe, eine Rakete, vielleicht auch einfach nur eine Verwechslung beim Bodenkampf. Der Kollateralschaden, wie es so zynisch in der Militärsprache heißt, wäre dann in diesem Fall ich. Doch ich wäre das Risiko eingegangen. Lieber das, als weiter hier mit meinem schwarzen Panther und dem Erzengel Michael gegen das schleichende Gift der Geiselnahme anzukämpfen. Der Krieg fraß die Häuser und Bauruinen auf wie Feuer. Tag für Tag neue Opfer, und zurück blieben nur die rauchenden Trümmer, wie Skelette. Ich kam mir manchmal vor wie der irre Kaiser Nero, der auf das brennende Rom sah und angeblich lachte und musizierte. Oder wie ein Baseball-Fan, der jeden Treffer mit einem Jubelschrei feierte. Ich spürte in diesen Augenblicken, dass ich trotz aller Zen-Übungen, trotz des schwarzen Panthers und des Erzengels nahe dran war überzuschnappen. Und zugleich war dieses Theater eine Art Ventil. Ein Ventil für meine Hilflosigkeit und meine Wut. Meine Schadenfreude loderte so hell, wie es manchmal die Flammen eines getroffenen Hauses tun.

Nicht selten war das Bombardement so intensiv, dass ich die Geschosse rund um die Villa einschlagen hörte und sah. Manchmal kam es auch zu Angriffen von Flugzeugen, manchmal trafen sogar Maschinengewehrsalven den Hof unserer Villa. Und nur einen Kilometer entfernt von meinem Fenster sah ich, nachdem sie endlich die Schränke weggeschoben hatten, Richtung Damaskus die Frontlinie. Einen Kilometer entfernt, nicht mehr. Dahinter, ebenfalls ganz dicht, eine Moschee und ein Minarett. Lange begleitete der Ruf des Muezzins zum Gebet die Artilleriefeuer. Als der Ruf irgendwann verstummte, wirkte das zunächst gespenstisch, es war aber – auch wenn das paradox erscheint – Musik in meinen Ohren. Ich hatte es nicht mehr hören können, dieses »Allahu Akhbar« in einem Atemzug mit dem todbringenden Kriegslärm. Das Duett der beiden schien mir während meiner Gefangenschaft symptomatisch.

Es war bereits August, und noch immer lebte, nein, vegetierte ich in der ersten Villa, als ich begann, mich im Schlaf an die äußere Wand zu lehnen. Ich hoffte, dass eine Bombe oder eine Rakete die Wand treffen und mich umbringen würde. Gerade hatten sie mir erzählt, dass sie mich nicht, wie angekündigt, nach sechs Monaten würden gehen lassen. Das Ganze war die pure Manipulation gewesen, von Anfang an. Doch an meiner Enttäuschung änderte das nichts. Ich sah keinen anderen Ausweg mehr als den Tod durch eine Bombe.

An einem Augusttag erkannte ich aus meinem Fenster, dass das Nachbarhaus gerade erst getroffen worden war. Ich klopfte an meine Zellentür. Abu Zaid öffnete, und ich sagte ihm, dass ich in den Trümmern nach Opfern suchen und ihnen gerne helfen würde. Ich wusste, dass dort zwei kleine Kinder lebten – oder gelebt hatten. In dem Haus waren auch immer wieder schwerbewaffnete Männer gewesen, vermutlich ein Teil der Gruppe meiner Geiselnehmer oder zumindest mit ihnen verbündet. Doch sie waren mir egal. Ich dachte nur an die Kinder und wollte ihnen helfen. Meine Kidnapper waren erstaunt, aber sie ließen mich. Ich glaube, sie dachten, ich sei wirklich auf dem Weg, einer von ihnen zu werden. Dabei war ich nur um die Kinder besorgt. Das musste ich übrigens gar nicht sein: Die Familie war genau am Tag zuvor geflohen, buchstäblich im letzten Moment.

Ende August hörte ich den Beschuss wieder einmal nahe, sehr nahe. Plötzlich zitterte die gesamte Villa, ich hörte verschiedene Materialien bersten, roch Staub und wusste: Wir waren getroffen. Allerdings nicht tödlich, zumindest gab es keine menschlichen Opfer. Dafür war der gesamte zweite Stock schwer beschädigt, und zwar so schwer, dass meine Entführer beschlossen, in eine andere Villa umzuziehen. Immerhin: Der Raum, in den sie mich einsperrten, war größer als der vorherige. Es gab ein Doppelbett und sogar zwei Fenster, natürlich mit Metallgitter davor. Auch diese Villa wurde beschossen, einmal zum Beispiel, während der alte Scheich zu Besuch war. Schwer zu sagen, wer mehr schwankte und zitterte: der Alte oder das Gebäude. Ich dagegen blieb ruhig und hoffte sogar, dass noch mehr Einschläge kommen würden. Taten sie aber nicht. Und ich hatte wieder einmal verstanden: Wenn ich hier rauskommen wollte, dann musste ich mir selbst helfen.

Bereit, fast alles zu tun

Irgendwann war es soweit: Ich war bereit, fast alles zu tun, um zu entkommen. Fast, weil ich es nicht fertiggebracht hätte, unschuldige Menschen zu verletzen oder zu töten. Dabei ging es gar nicht so sehr um mögliche rechtliche Konsequenzen, die mich später einmal treffen konnten. Ich wollte mich vielmehr nicht schuldig machen, nicht zur Schuld verleiten lassen, wollte nicht werden wie viele der Geiselnehmer. Ich wollte nicht, dass sie mir neben meiner Freiheit auch noch meine Unschuld – so weit ein durchschnittlicher Mensch eben unschuldig ist – raubten.

Ich wollte auch so wenig wie möglich physische Gewalt anwenden. Ganz vermeiden würde sich das wohl nicht lassen, vermutete ich. Aber obwohl ich Rachefantasien hatte, obwohl ich den schwarzen Panther in mir immer wieder fütterte, wollte ich keine Blutspur hinterlassen, würde ich tatsächlich einmal die Chance haben, zu fliehen. Ich hatte sogar mehrmals die Gelegenheit dazu: zum Beispiel, wenn ich mit Abu Hussain im Hof allein war. Ich hätte ohne Probleme eine Schaufel nehmen und seinen Kopf damit einschlagen können. Und ja, ich habe nicht nur einmal darüber nachgedacht. Doch ich tat es nicht. Ich dachte, dass dieser Mann mich zu einem Spaziergang nach draußen genommen hatte, dass er mich Grün sehen und sogar auf einen Baum klettern ließ, um Maulbeeren zu sammeln, die man hier »toot« nannte. Er wollte mir etwas Gutes tun, so weit man eben einer Geisel etwas Gutes tun kann, und ich wollte ihn nicht dafür bestrafen. Natürlich, er war auch ein Kidnapper und hatte sich mit Dschihadkämpfern verbrüdert, er war einer von ihnen. Damit war er nicht frei von Schuld. Doch ihn einfach dort im Hof erschlagen, das konnte und wollte ich vor allem nicht. Oder: Ich hatte ein Steakmesser in meiner Zelle gefunden. Ich überlegte immer wieder, wie und ob ich damit einen Ausbruch wagen sollte. Doch ich erkannte relativ schnell, dass diese Idee lächerlich war, angesichts des Waffenarsenals, das sich an den Männern und überall im Haus befand. Und doch war ich sicher: Würde sich eine echte Chance bieten, dann wäre ich zu allem bereit. Aber eben nur zu fast allem.

»Wir schlagen dir deinen Kopf ab und spielen damit Fußball«

»Und tötet keine Seele, die Gott für rein erklärt,
außer mit Recht.«

Sure 6,151

»Gegen eine Person, die für schuldig befunden wurde, eine Straftat begangen zu haben, darf eine Verurteilung nur in einem Urteil ausgesprochen und nur auf Grund eines Urteils eine Strafe vollstreckt werden, dieses Urteil muss von einem Gericht gefällt werden, das die wesentlichen Garantien der Unabhängigkeit und Unparteilichkeit aufweist.«

II. Zusatzprotokoll zu den Genfer Abkommen vom 12. August 1949 über den Schutz der Opfer nicht internationaler bewaffneter Konflikte

Was gibt es Traurigeres, Herzzerreißenderes als einen Mann, der um Gnade wimmert? Ich höre ihn flehen und betteln – unterbrochen immer wieder von kurzen Momenten der Ruhe, eine gespenstische Situation. In dieser Augustnacht bettelt ein Mann um sein Leben, und ich kann nichts tun, als irgendwie wieder zurück in den Schlaf zu finden.

Irgendwann falle ich tatsächlich in einen traumlosen Schlaf, wälze mich hin und her, schwitze aus allen Poren. Von Kopf bis Fuß bin ich in dreckige Laken eingewickelt, um mich gegen die Moskitos zu schützen. Ich komme mir vor wie eine Mumie, lebendig begraben – dieser Vergleich trifft mich mit dem Gewimmere des Mannes bis ins Mark. Würde ich auch bald so wimmern? Oder würde ich zu stolz sein, würde still und schweigend das erwarten, was auf mich zukäme? Würde man mich vielleicht wieder in schmutzige Laken wickeln und in einen Hinterhof werfen, wie lästigen Müll, den man entsorgen muss? Oder doch eher ein Video mit mir drehen, das später für Grausen und Entsetzen und Trauer sorgen würde? Würde man …?

Ich hasse diese Laken, nicht nur wegen dieser Assoziationen, die mir Angst machen. Aber die Moskitos hasse ich noch mehr, und das Netz vor meinem Zellenfenster ist inzwischen so dicht wie ein Schweizerkäse. Am Anfang hatte ich noch versucht, die Löcher mit Play-Doh-Knete abzudichten, die ich auf einem der beiden braunen IKEA-Schränke gefunden hatte. Die Schränke waren in den ersten Wochen meiner Gefangenschaft benutzt worden, um mir den Blick aus dem Fenster zu versperren und mich gleichzeitig vor neugierigen Blicken der Außenwelt zu verbergen. Später hatte man sie beiseite gestellt, und ich hatte das Play-Doh obendrauf gefunden – Kinderknete in einem Dschihadisten-Haus, wie absurd. Für mich bedeutete das zunächst allerdings die Rettung vor den aggressiven Moskitos, doch irgendwann war auch das nicht mehr genug, und ich hatte die Schnauze voll davon. Dann lieber in Dreck und Laken liegen und schwitzen.

Ich blicke kurz zu einem der Schränke hinüber und auf dessen zertrümmerte Tür, Opfer einer meiner Wutattacken. In diesen Augusttagen rund um die Exekution des Mannes bin ich kurz davor durchzudrehen.

Das erste Mal, als mich an dem Schrank vergriff, hatte ich wegen eines Stromgenerators die Nerven verloren. Er lag direkt unter meiner Zelle, und wenn er angeschaltet war, vibrierte er so stark, dass ich ihn spüren konnte. Noch schlimmer aber war der Lärm, den er machte, er trieb mich regelrecht in den Wahnsinn. Am Anfang dachte ich, dass ich bei dem Lärm wenigstens unbemerkt fernsehen könnte, und zwar das, was ich wollte, und so lange, wie ich wollte. Doch wenn der Generator länger lief, war es einfach nicht auszuhalten. Immer wieder dachte ich, dass das eine besonders subtile Form der Folter wäre – und vielleicht hatte ich damit ja recht. Denn als ich den Wächtern davon erzählte, zuckten die nur mit den Achseln und sahen mich gleichgültig an. Irgendwann reichte es mir. Ich hielt mir die Ohren zu, schloss die Augen, doch noch immer war da dieses mechanische Gebrumme, wie von Millionen von Metallbienen aus irgendeinem miesen Horrorfilm. Auf einmal riss ich die Augen auf und schlug mit der Faust mit voller Wucht auf den Schrank ein. Später sollte Abu Jaffar mir erklären, dass der

»Boss« überhaupt nicht froh gewesen sei über meinen Ausbruch und dass so etwas das nächste Mal ernste Konsequenzen nach sich ziehen würde. Ich entschuldigte mich ebenso wortreich wie verlogen. Denn es hatte sich so gut angefühlt, dieses Einschlagen auf die Holztür. Nach dem ersten Schlag dachte ich nicht mehr an den Generator, sondern nur noch an die Visagen meiner Kidnapper. Gott, was hätte ich damals dafür gegeben, wenn ich ihnen einen Jab ins Gesicht hätte hämmern dürfen, dann direkt eine Gerade hinterher und als Krönung einen Karate-Handkantenschlag mitten ins Ziel …

Wie gesagt: Man warnte mich davor, noch einmal derart die Kontrolle zu verlieren. Und in der Tat, ich hatte die Kontrolle verloren, aber vermutlich hatten meine Entführer keine Ahnung, dass ich mich nach diesem Kontrollverlust wunderbar erleichtert fühlte, wie ein Schnellkochtopf, bei dem die aufgestaute Luft nicht langsam entweicht, sondern bei dem der Deckel einfach abgerissen wird und wegfliegt. Diese Holztür zu zertrümmern, das war etwas, was mich für einen kurzen Moment meine Ohnmacht und meine Hilflosigkeit hatte vergessen lassen. Jeder Mensch kennt den Drang, etwas kaputt zu machen, aus Frust oder Wut oder Enttäuschung. Oder aus all diesen Gründen zusammen. Und jeder kennt wohl auch die befreiende Wirkung, die daraus entsteht. Und falls nicht, dann kann ich nur empfehlen, es einmal auszuprobieren. Für mich, der ich es gewohnt war zu reisen, ständig unterwegs zu sein, Dinge zu kontrollieren und zu regeln, war meine Gefangenschaft physisch und psychisch fast unerträglich. Ich fühlte mich wie ein eingesperrtes Tier. Aber nicht etwa wie ein Löwe oder Tiger in einem Käfig, der darin unruhig umherstreift, der jeden, der sich nähert, anbrüllt, vor dem man Angst hat und zu dem man sich nicht in den

Käfig wagt. Nein, so fühlte ich mich ganz und gar nicht, sondern eher wie ein Reptil in einem Terrarium, das von seinem Besitzer vergessen worden war, und das dort still und unbeweglich herumsitzt. Mein Gewaltausbruch war meine Revolte gegen diese Unbeweglichkeit, der Versuch, zumindest für einen Augenblick mehr Löwe als Reptil zu sein. Deshalb war es wenig verwunderlich, dass die nächste Attacke gegen eine Tür nicht lange auf sich warten ließ.

Es war schon August, kurz vor der schrecklichen Nacht mit dem wimmernden Mann, als Abu Hussain mir erzählte, dass man mich erst einmal nicht freilassen würde. Zuvor hatte er mir versichert, man würde mich nach sechs Monaten gehen lassen, wenn die Verhandlungen dann noch kein Ergebnis gebracht hätten. Als Abu Hussain mir die schlechten Neuigkeiten brachte, stand er vor der dunklen, gelbbraunen Wand in meiner Zelle. Ich saß auf dem Boden, an die Wand gegenüber gelehnt. Er trug eine graue Djellaba, den typischen langen Mantel, den man vor allem in den Maghreb-Staaten liebt, an seinen Füßen in China gefertigte Billig-Flip-Flops, auf seinem Kopf eine Halloween-Balaclava, eine Sturmhaube. Ich sehe ihn und die Wand noch vor mir, so klar und nah, wie in dem besten HD-Fernseher. Und auch beim Schreiben spüre ich wieder die rasende Wut, die mich packte, als er mir außerdem erzählte, dass meine Haft noch mindestens sechs Monate länger dauern würde. Ich protestierte, ich versuchte ihm verzweifelt klarzumachen, dass ich keine sechs Monate mehr durchstehen würde, dass ich am Ende sei. Ihn interessierte das herzlich wenig. Er schaute mich nur gleichmütig an, drehte sich um und verließ die Zelle – und mich verließ ein weiteres Mal jede Selbstbeherrschung. Wie ein Blitz durchzuckte es mein Hirn, das förmlich gespalten zu werden drohte. Ich fühlte mich wie einer jener Vulkane, die früher in der Hauran-Region aktiv waren und Kilometer von Lavaströmen in das Land ergossen hatten. Nur dass diesmal die Lavaflüsse Fausthiebe waren, die nicht auf Sand oder Geröll, sondern erneut auf Schrankholz niederprasselten. Am Ende war nicht mehr übrig, als für ein Kaminfeuer gut gewesen wäre. Und, erneut: Welche Erleichterung, welche Genugtuung! Das Beste daran: Später würde ich meinen Geiselnehmern vorschlagen, dass der Besitzer des Hauses mir eine Rechnung über den Schaden senden sollte, ich fand es ihm gegenüber unfair – es schien, als hätte ich mir selbst in dieser mörderischen Situation meinen guten Anstand bewahren können. Den hatten sie mir also nicht nehmen können. Noch mehr Genugtuung!

Damals, direkt nachdem meine Kidnapper den Lärm gehört hatten, stürmte Abu Yemen, einer der Aggressivsten der Bande, mit Handschellen in die Zelle. Er war nicht besonders groß, aber ziemlich muskulös, mit einem sorgfältig getrimmten, überhaupt nicht Dschihadi-typischen buschigen Bart und einer Stimme, die ihn in einem anderen Leben Opernsänger in Bassstimmlage hätte werden lassen können. Abu Yemen war nicht nur aggressiv, er hatte auch etwas an sich, was ihn bedrohlicher machte als andere seiner Kumpane. Er lauschte ständig irgendwelchen Dschihad-Predigten auf seinem Smartphone oder Laptop, und das mit besonderer Lautstärke. Ich bin mir ziemlich sicher, dass er es damit auf mich abgesehen hatte, und ich muss gestehen, dass er sein Ziel auch nicht verfehlte. Ich hasste diesen Ton und diese Lautstärke, und er brachte meine Nerven damit jedes Mal wieder weit bis an den Rand des Reißens. Für mich war es, als hörte ich den Teufel persönlich sprechen. In meinen Ohren glichen diese Ansprachen, denen oft Militärmusik folgte und manchmal ein Gebet, einer schwarzen Messe von fanatischen Satansjüngern.

Abu Yeti, wie ich den Dschihadi insgeheim nannte, stürmte also mit den Handschellen in meine Zelle und befahl mir, mich auf das Bett zu setzen, er wollte mich fesseln. Doch ich war fertig mit dem demütigen Gehorchen, ich wollte mich nicht mehr einfach nur wie ein Opferlamm unterwerfen. Ich blieb stehen, die Konsequenzen waren mir in diesem Augenblick egal. Abu Yeti ergriff einen Rattanstuhl an zwei Beinen und begann, damit auf mich einzudreschen. Ich fing die beiden anderen Beine in der Luft ab. Wir rangen um den Stuhl, und ich riss ihn ihm aus den Händen. Mein Peiniger sah mich verblüfft an, er hatte mich nach all dem wohl nicht noch so kräftig erwartet. Ich warf den Stuhl hinter mich und stand nun vor ihm, in Boxstellung und bereit zu kämpfen wie ein tollwütiger Hund. Endlich, endlich! Abu Yeti wiederum war zu stolz um aufzugeben, doch ich sah in seinen Augen, dass er Angst hatte.

In diesem Augenblick stürzte ein zweiter Dschihadi, den ich noch nie gesehen hatte, in mein Gefängnis. Abu Yeti hatte zu schreien begonnen und Unterstützung angefordert. Der andere Kämpfer befahl mir nun ebenfalls, mich auf mein Bett zu setzen. Ich bewegte mich keinen Zentimeter. Nun starrten mich die beiden an, in einer Mischung aus Wut, Irritation, Überforderung und Überraschung. Mit diesem Widerstand hatten sie offensichtlich nicht gerechnet. Schließlich kam der Dritte herein, Abu Hussain. Er kapierte sofort, was vor sich ging und änderte die Taktik. Ich solle doch eine Dusche nehmen, etwas relaxen und dann zurückkommen, um etwas fernzusehen und Tee zu trinken. Die beiden anderen Kämpfer schienen noch wütender. Doch Abu Hussain tat genau das Richtige, um die Situation zu entspannen. Er war im Grunde wirklich ein guter Mensch – und ich weiß, wie seltsam sich das in diesem Kontext anhört. Ich konnte mit ihm nicht in seinen Ansichten über den Islam übereinstimmen, über das Kalifat oder darüber, wie man Assad stürzen und wer ihn ersetzen sollte. Doch menschlich gesehen war Abu Hussain kein schlechter Charakter. Und vermutlich rettete er mir in dieser Situation mit seinem Duschen-Fernsehen-Tee-Vorschlag das Leben.

Meine beiden Angriffe auf den Schrank waren am Ende also glimpflich für mich ausgegangen. Doch sie zeigten mir immer mehr, dass es keine Lüge gewesen war, als ich meinen Entführern erklärt hatte, ich würde keine weiteren sechs Monate mehr durchstehen. Ich tat alles, was ich konnte, um nicht völlig überzuschnappen. Zum Beispiel »adoptierte« ich eine Straßenkatze und nannte sie Angeline. Ich hatte mir einst geschworen, dass ich, sollte ich jemals eine Tochter haben, sie Angeline Urielle nennen würde. Uriel, der Erzengel, der uns der jüdischen und auch der orthodoxen-christlichen Überlieferung nach beschützt. Jetzt war das alles so weit weg, und es schien mehr als unwahrscheinlich, dass ich überhaupt die Kinder, die ich schon hatte, wiedersehen würde. Da schien mir der Name Angeline plötzlich frei zu sein. Eine Ironie: Im Islam wird Uriel manchmal mit dem Engel des Jüngsten Gerichts gleichgesetzt – war das hier schon mein Jüngstes Gericht?

Ich hatte Angeline an einem Frühlingstag entdeckt, als ich wieder einmal aus dem Fenster starrte und eine der schlimmsten Foltermethoden meiner Gefangenschaft über mich ergehen ließ: die Langweile. Um nicht in tiefste Depression zu verfallen, musste ich für jedes noch so kleine Detail aufmerksam sein. Und Angeline, mit ihrem kurzen weißen Schwanz und den karamellfarbenen Streifen im Fell, war so ein Detail – und nicht einmal ein unbedeutendes. Als ich sie sah, spazierte sie gerade auf einer Betonmauer herum, nicht weit von meinem Fenster entfernt. Sie miaute – und ich miaute zurück. Irgendwie sinnbildlich, dachte ich.

Es brauchte etwas Zeit, und vermutlich war auch ein bisschen Hunger nötig, bis Angeline sich tatsächlich von mir überzeugen ließ, zu mir herunterzuspringen. Sie war knochig und dreckig, aber trotzdem auf ihre Weise schön. Ich gab ihr etwas Käse zu essen; ein komisches Gefühl, dass ich plötzlich jemandem helfen konnte. Es waren kleine Käsescheiben, einzeln in Folie verpackt und in einer schmalen Box, oft das Einzige, was ich neben dünnem Pita-Brot zu essen bekam. Zwar gab es auch andere Sachen, doch viele davon waren nicht essbar, zumindest nicht für mich. Zum Beispiel musste ich eine Aprikosenmarmelade wegwerfen, die so neongelb war, dass der Zucker mich fast ansprang und ich Angst hatte, auf der Stelle an Diabetes zu erkranken. An Süßigkeiten mangelte es ohnehin nicht, aber wie sollte ich mich damit gesund ernähren und einigermaßen zu Kräften kommen? Nicht einmal Angeline wollte dieses Zeug, und das reichte mir als Indikator. Was sie dagegen aß, waren die Unmengen an Corned Beef, die ich als Konserven bekam. Für die Katze war es ein Festmahl, und sie begann schnell, dicker und runder zu werden. Sie sah wieder gesund aus, das Fell glänzte ebenso wie ihre Augen, wenn sie mich sah. Sie war komplett vernarrt in mich. Abu Hussain sah das natürlich etwas anders; er wollte mich zwingen, Angeline wegzuschicken. Ich erklärte ihm, dass sie meine einzige Gefährtin in der Einsamkeit sei und ich sie mindestens so sehr bräuchte wie sie mich. Er warnte mich vor den Flöhen, die sie reinschmuggeln würde. Ich lachte nur und glaubte ihm nicht. Leider.

Abu Hussain hatte – wieder einmal – recht gehabt. Den Großteil des Sommers leisteten mir nicht nur Angeline, sondern auch unzählige Flöhe Gesellschaft. Sie saugten mein Blut so oft und so lange, dass meine Beine und Hände über und über mit ihren Bissen bedeckt waren, es sah so aus, als litte ich an einer tödlichen Krankheit. Ich versuchte alles, um die Flöhe loszuwerden. Nahezu manisch bürstete ich den Boden mit einer Zahnbürste ab und bedeckte ihn komplett mit Zahnpasta. Dabei verglich ich unwillkürlich die Flöhe mit den Geiselnehmern: Während die Flöhe mir das Blut aus den Venen saugten, saugten die Kidnapper das Blut aus meinem Leben. Wie gerne wäre ich nach den Flöhen auch sie losgeworden.

Neben Angeline rettete mich noch eine zweite Sache vor dem Durchdrehen, zumindest bis zu diesem August: meine Zen-Übungen. Im White Wind Zen-Kloster in Ottawa und in der Kwan Um Zen Schule in Wien hatte ich Yoga geübt. Ich war kein Meister darin, vielleicht nicht einmal besonders gut, und auf jeden Fall nicht up to date, das letzte Mal hatte ich Zen vor über fünfzehn Jahren praktiziert. Aber das war alles egal. Was zählte: Es half mir. Zum Beispiel putzte ich meine Zelle wie in einer Art Meditation. Die bewussten Schritte und Griffe, das kontrollierte Atmen, all das brachte mich für Minuten raus aus dem Gefängnis, ich konnte für kurze Zeit meiner Lage entkommen. Ich nutzte die islamischen Gebetsperlen, die man mir gegeben hatte, nicht nur als Rosenkranz, sondern auch als Mala, wenn ich meine Zen-Übungen machte: Jede Perle bedeutete eine Atemübung. Die Übungen beruhigten mich, und vor allem lernte ich eines: Um in Gefangenschaft zu überleben, war es entscheidend, dass man in seinem Gedächtnis Dinge und Erinnerungen fand und diese als Konter gegen den permanenten psychologischen Druck der Haft nutzte. Man muss sich nicht nur abschotten, sondern aktiv dagegen ankämpfen, so schwer das auch fallen mag. Sonst zerbricht man unter dem Druck und gibt vielleicht gerade das auf, was einen zu dem gemacht hat, der man ist.

Die Zen-Übungen waren für mich ein Überlebenstool, das mir das Leben gerettet hat. Doch in dieser Augustnacht, als der Mann so grauenhaft schreit und winselt, hätten mir wohl auch die besten Übungen nichts gebracht. Ich höre das Wimmern, man hat ihn offenbar in das Wohnzimmer gebracht, nicht weit weg von meiner verschlossenen Tür. Während er weiter um Gnade fleht oder sich selbst bemitleidet, brüllen ihn die Geiselnehmer an. Der Mann bettelt aber nur noch lauter, noch inständiger, obwohl er vermutlich schon weiß, was kommen wird. Er weiß, dass er vor einem selbst ernannten Tribunal fanatischer Henker kniet, das vorgibt, sich an der Scharia zu orientieren, das aber in Wahrheit nur seinen eigenen Mordgelüsten und seiner Verblendung folgt. Ich höre noch einmal laut den Ruf »Scharia«, dann wird das Geschrei leiser. Man bringt den Mann offensichtlich nach unten in ein anderes Gewölbe.

Später am Tag, ich bin völlig gerädert und aufgewühlt, fragt mich Abu Zaid, ob ich irgendetwas Ungewöhnliches in dieser Nacht gehört hätte. Ich antworte ihm, dass es mir vorgekommen sei, als hätte ich einen Mann gehört, der weint. Abu Zaid nickt und fragt weiter: »Weißt du, was passiert ist?« Ich sage: »Ich glaube schon ...« Und Abu Zaid erklärt mir, dass dieser Mann ein Polizist gewesen sei, dass man ihn vor Gericht gestellt und verurteilt und schließlich mit einem Schuss in den Nacken getötet habe. Er sagt »getötet«. Ich denke: ermordet. Ich forsche weiter, ob denn dieser Mann ein Verbrechen begangen habe. Abu Zaid entgegnet: »Es war überhaupt nicht nötig, dass er etwas Spezielles getan hat. Wir befinden uns seit drei Jahren im Krieg, und jeder, der für Assad arbeitet, ist ein Feind. Und ein Feind wird in diesem Krieg exekutiert. Jeder Feind.«

Das Gespräch geht weiter und weiter, tiefer hinein in die abstrusen Gedankenwindungen und Argumentationen, über die man belustigt lächeln könnte, wären sie nicht so tödlich. Zum Beispiel, als ich Abu Zaid frage, ob also auch ein Verkehrspolizist, der nichts anderes macht, als dafür zu sorgen, dass die Autos in Damaskus nicht ineinander rasen und unschuldige Tote produzieren, ob so ein Mann, der nur seine Pflicht zum Wohle der Gemeinschaft tut, auch ein Feind und deshalb zu exekutieren sei. Abu Zaids Antwort ist so kurz wie klar: »Natürlich.« All meine Argumente, dass der Mann nur seinen Job wie viele andere tun würde, dass man doch nicht wisse, ob er überhaupt mit Assad sympathisiere, alle rationalen Punkte lassen Abu Zaid kalt. Und als ich zu ihm sage, dass so ein Mann doch arbeiten müsse, um seine Familie nicht verhungern zu lassen, sondern sie ernähren zu können, entgegnet er nur: »Allah füttert sogar die Vögel. Würden diese Männer einfach nicht mehr ihren Job tun, würde Allah auch sie füttern. So einfach.« So einfach also.

Die Simplizität und Einfachheit, mit der die Dschihadis, aber auch das Regime, in Freund und Feind unterteilen, über Leben und Tod bestimmen, ist bis heute schockierend für mich. Seit meinen Einsätzen für die UN, vor allem aber seit meiner Gefangenschaft in Syrien kann ich nachvollziehen, was Hannah Arendt meinte, als sie von der Banalität des Bösen sprach. Diese Banalität wurde nicht nur in den Exekutionen und Folterungen deutlich, sondern besonders auch dann, wenn Menschen wie Abu Zaid, aber auch Abu Hussain, der wohl sonst als braver Angestellter durchgegangen wäre, von Dingen sprachen und Sachen taten, die unvorstellbar waren und die nicht zu ihrem Erscheinen passen wollten.

Nicht lange, nachdem sie den Polizisten ermordet hatten, kamen mehrere Dschihadis in meine Zelle, Abu Nasser war dabei. Er brachte einen Neuankömmling mit, einen jungen Iraker. Er trug einen schwarzen Ledermantel mit einer syrischen Flagge und zwei Sternen als Abzeichen. Er kam mir sofort unheimlich vor. Er hatte etwas an sich, das ich schwer greifen konnte und das mich beunruhigte. Ich dachte an die Iraker und ihre Situation unter Saddam Hussein, direkt nach dem amerikanischen Einmarsch 2003. Diese Menschen waren durch viele Kriege und Schlachten gegangen, und das prägte. Als ich den Iraker noch einmal ansah, begriff ich: Dieser Mantel gehörte einem syrischen Polizisten und keinem irakischen Dschihadi. Mich fröstelte. Und ich dachte an den Satz, den mir einer der Geiselnehmer einmal gesagt hatte: »Wir schlagen dir deinen Kopf ab und spielen damit Fußball.«

Zum Islam gezwungen

»Und es gibt keinen Zwang in der Religion.
Gott ist der Beistand derjenigen, die glauben.
Er führt sie aus der Finsternis ins Licht.
Die aber, die leugnen, deren Beistände sind die Götzen.
Sie führen sie aus dem Licht in die Finsternis.«

Sure 2,256–257

Der erste Versuch, mich zum Muslim zu machen, kam schnell und war von einem penetranten Moschusgeruch begleitet. Moschus war der Duft des Propheten, zumindest dann, wenn man manchen Überlieferungen glauben will, und Moschus soll auch der Duft des Paradieses sein. Für mich aber war es kein Duft, sondern ein Gestank, der Gestank von Drohung, Einschüchterung und Zwang.

Zur Moschusattacke kam es bereits in der zweiten Woche meiner Gefangenschaft, als ein unmaskierter Mann mittleren Alters in meine Zelle trat. Er nannte mich Michael Jackson, wie vermutlich alle Westler, die er jemals getroffen hatte. Er hatte mich schon einmal mit verbundenen Augen zum Bad gebracht und mir dabei etwas zugestammelt, das so klang wie: »Ich führe dich durch die Dunkelheit.« Damals dachte ich, er meinte das Offensichtliche, nämlich dass meine Augen verbunden waren. Als er dann aber in meine Zelle kam, erkannte ich, dass er wohl eine ganz andere Dunkelheit gemeint hatte: meine religiöse Dunkelheit.

»Es gibt keinen Zwang im Glauben. Der richtige Weg ist nun klar erkennbar geworden gegenüber dem unrichtigen. Wer nun an die Götzen nicht glaubt, an Gott aber glaubt, der hat gewiss den sichersten Halt ergriffen, bei dem es kein Zerreißen gibt. Und Gott ist allhörend, allwissend.« So heißt es in der zweiten Sure des Korans. Besonders der erste Satz wird immer wieder gern zitiert, wenn es darum geht, den Islam als Religion der freien Glaubensentscheidung zu charakterisieren. Das mag vielleicht in der Theorie liberaler Muslime so sein – oder sagen wir besser bei Muslimen, die mit den westlichen Werten der Religionsfreiheit d'accord sind und für sie einstehen. In der Praxis gilt das aber nicht. Und schon gar nicht in der Praxis einer Kidnapperbande in einem Wüstenloch in Syrien.

Ich hatte den Satz, dass es keinen Zwang im Glauben gebe, natürlich schon vorher gekannt. Und ich wusste, dass er sehr unterschiedlich interpretiert wird. Aber noch nie hatte ich das am eigenen Leib erfahren. Noch nie hatte ich gespürt, wie fanatische Muslime Nichtmuslime drangsalieren können, wie einem das Leben buchstäblich zur Hölle wird, wenn man ständig als Ungläubiger gebrandmarkt und mit Strafen bedroht wird – mit Strafen im Jenseits, aber auch schon im Diesseits. Ich war früher ein Atheist in dem Sinne gewesen, dass ich zwar überzeugt davon war, dass es Gott – oder einen Gott – gibt, an den ich glaube, dass aber Religion in meinem Alltag keine große Rolle spielte. Doch als ich erleiden musste, was Zwang zur Religion wirklich bedeuten kann, als ich erleben musste, wie sehr dies in die tiefsten Schichten meiner Persönlichkeit eindrang und wie nachhaltig es mich verletzte, hat dieser scheinbar harmlose und kurze Satz eine Dimension bekommen, die mein gesamtes Leben und mein Denken über Religion und den Islam verändern sollte. Leider in einigen Bereichen zum Pessimistischeren hin. Ich habe im Schatten eines Islams gelitten, der ein von Fanatikern interpretierter Islam ist – bei dem man aber auch nicht einfach so tun kann, als hätte er nichts mit den Lehren des Korans und Mohammeds und dem Leben der muslimischen Welt zu tun. Denn es ist klar und wurde mir schmerzlich bewusst: Fanatiker wie meine Geiselnehmer suchen sich die Interpretation aus, die ihre Untaten am besten rechtfertigt. Oder eher: zu rechtfertigen scheint.

Für die Bande, die mich auf dem Weg nach Syrien überfallen und mich verschleppt hatte, wie überhaupt für viele andere Dschihadisten, war es nicht nur in Ordnung, auf »Ungläubige« Druck auszuüben, sie zur Konversion zu drängen oder sogar dazu zu zwingen. Für sie war es fast schon eine Pflicht. Dschihad war dann nicht nur der bewaffnete Kampf gegen Feinde, sondern auch der psychologische Kampf gegen den Unglauben, der nur gewonnen werden konnte, indem man die »Ungläubigen« zum rechten Glauben brachte. Und wenn nicht zum Glauben, dann doch wenigstens unter das Gesetz der Scharia oder zur Zahlung einer Religionssteuer, der Kopfsteuer Dschizya. Diese Steuer musste jeder zahlen, der in islamischen Herrschaftsbereichen lebt und nicht Muslim ist, eine Praxis, die der IS hat wiederaufleben lassen. Erwähnt wird die Dschizya im Koran in der 9. Sure, in der späteren Praxis waren dann Frauen, Kinder und manchmal sogar christliche Bettelmönche davon ausgenommen – für Dschihadisten kein Hindernis, trotzdem allen das Geld abzupressen, um damit ihren angeblich »Heiligen Krieg« zu führen, der nichts anderes ist als Morden, Brandschatzen und andere Gräueltaten.

Eine Kopfsteuer konnte ich nicht bezahlen, aber der Mann mit dem Moschusduft hatte mir ja sowieso schon in der zweiten Woche klargemacht, was man von mir erwartete. Er setzte sich vor mich auf den Boden, überkreuzte die Beine, soweit er das überhaupt konnte. Er war dicklich und nicht gerade ein Meister des Yogasitzes. Der Dschihadi benutzte die hölzerne Spielbox als Stütze für den Koran, fast wie ein Pult. Dann öffnete er das heilige Buch mit seinen großen, fleischigen Händen. Am rechten Zeigefinger trug er einen Ring mit dem Siegel des Propheten. Auf dem Siegel stand »Muhammad Rasul Allah«, wobei man von unten nach oben lesen musste, da Allah ganz oben thronte, noch über dem Propheten. Mein neuer religiöser Führer begann zu lesen. Er las völlig entrückt, als befände er sich in Trance. Er intonierte mit großer Sorgfalt und blätterte sogar die Seiten mit einer gewissen Virtuosität um. Zumindest versuchte er es, er wollte wirken, als wäre er ein besonders gebildeter Mann, als wären das Buch und der Text etwas Himmlisches – und das waren sie für ihn wohl auch. Ich dachte nur: »Wahrscheinlich ist das das einzige Buch, das du je gelesen hast.« Irgendwann hörte der Mann auf und blickte mich an. Ich hatte kein einziges Wort von dem arabischen Text verstanden.

Nach diesem ersten Mal blieb ich zunächst verwirrt zurück. Was hatte das sein sollen? Mir kam das Beschallen mit Koranversen oder Dschihadsongs vor wie die Posaunen von Jericho, die die Mauern meiner inneren Festung einreißen sollten. Später, nachdem man mich wieder und wieder arabische Suren und sogar Dschihad-Kampflieder hatte hören lassen, erfuhr ich, dass die Kidnapper tatsächlich glaubten, dass allein der Klang des arabischen Textes meine Seele erreichen, sie überzeugen und mich zur Konversion bewegen könne. Für sie war das eine feste Überzeugung. Für mich purer Aberglaube.

Jedes Mal, wenn die Dschihadis versuchten, mich auf diese Weise zum Islam zu bekehren, blieb ich wütend zurück. Diese Versuche bewirkten das Gegenteil dessen, was sie bezwecken sollten. Ich fühlte mich nicht nur physisch gefangen und unter Druck gesetzt, jetzt versuchten sie auch noch, in mein Innerstes einzudringen und mir einen Teil meiner Persönlichkeit zu rauben. Es war wie eine spirituelle Belagerung, und ich zog meine Zugbrücke hoch und ließ sie kein Stück mehr herunter. Mit jeder Sure und jedem Kampflied fühlte ich mich mehr belagert und war umso entschlossener, nicht aufzugeben. Ich würde ihnen meine Seele nicht geben, das war das Einzige, was mir zu der Zeit noch geblieben war. Da konnten sie noch so virtuos und andächtig lesen und beten. Meine Seele, das schwor ich mir jedes Mal wieder, kriegt ihr nie!

Ich war nie ein besonders religiöser Mensch gewesen. Spirituell schon, aber kein Vorzeige-Christ und Kirchgänger. Doch in dieser Zelle unter der spirituellen Belagerung spürte ich, wie man versuchte, mir zusätzlich die Freiheit meiner Seele zu rauben. Aber ich wollte mir die nicht auch noch wegnehmen lassen. Sie sollten nicht glauben, dass sie einfach so eintreten konnten in meine Persönlichkeit, uneingeladen und ungefragt. Nicht einmal Gott würde das versuchen, was die Geiselnehmer mit ihrem Fanatismus taten. Es wurde mir immer bewusster, dass ein Gott, der so etwas angeblich wollte, nichts anderes sein konnte als eine Projektion eines bösen, teuflischen Geistes. Und ich konnte plötzlich nachvollziehen, was die Millionen hatten erleiden müssen, die im Namen des Islams oder auch des Christentums bekehrt worden waren. Wenn die Kidnapper meine Festung knacken würden, wäre auch ich eines von diesen Opfern, einer von diesen »Bekehrten«.

Die Bekehrungsversuche sollten meine gesamte Gefangenschaft über nicht aufhören. Man nannte sie »Einladungen«, und manchmal fielen sie nicht so massiv und offensiv aus, sondern eher so, als wollte man sich auf einem Geheimweg in meine spirituelle Festung schleichen. Abu Yasser und Abu Yemen ließen mich zum Beispiel einmal gegen zehn in der Nacht die Hadsch in Mekka und das Umschreiten der

Kaaba durch die Pilger anschauen. Ich saß vor dem Fernseher, hörte die Koranverse und war einfach nur gelangweilt. Ich fragte mich, ob sie wirklich glaubten, dass sie mich auf diese Weise für den Islam begeistern könnten. Oder wollten sie mich so sehr langweilen, dass ich aus purer Verzweiflung übertrat, war das ihre Strategie? Ich starrte auf den Fernseher und konnte mir zwar vorstellen, dass das für Gläubige, für die die Pilgerfahrt nach Mekka zu den Kernelementen ihrer Religion zählt, ein erhebendes Erlebnis war. Aber für mich? Für mich war es in erster Linie eine Folter und Beleidigung meiner Intelligenz. Trotzdem antwortete ich nach gut einer halben Stunde auf die Frage Abu Yassers, ob es mir gefallen habe, diplomatisch. Ich hätte die melodiöse Rezitation der Koranverse gut gefunden, log ich. Abu Yemen sah mich nur zweifelnd an und meinte, das sei wohl etwas zu viel für mich gewesen. Ausnahmsweise hat er einmal recht.

Andere »Einladungen« waren weniger plump, glichen aber trotzdem noch trojanischen Pferden. Aus ihnen sollten Männer schlüpfen, um meine Zugbrücke herunterzulassen. Zum Beispiel, wenn Abu Jaffar mich zu fragen begann, ob ich Angst vor dem Tod und dem Leben danach hätte. Weil ich doch als Ungläubiger verdammt sei. Abu Jaffar war es auch, der schnell bemerkt hatte, dass ich nur internationale Programme auf dem Fernseher anschaute, BBC und CNN vor allem, aber auch Al-Jazeera und manchmal Filme. Abu Jaffar versuchte mich deshalb dazu zu bewegen, islamische Sender zu gucken, vor allem den saudischen Sender Al-Huda, der in englischer Sprache sendet. Ab und zu tat ich ihm den Gefallen. Dann stellte ich die Lautstärke so ein, dass meine Bewacher hören konnten, dass ich Koran-Islam-TV an hatte. Inspirierend fand ich diese Sendungen nie. Eher unfreiwillig komisch, weil zum Beispiel sehr oft und viel von der Rolle der Frau die Rede war, von ihren Pflichten und vor allem von ihrem Gehorsam dem Ehemann gegenüber – warum wohl war man so obsessiv in Bezug auf die eigenen »Schwestern«?

Die bedrohlichsten all dieser Einladungen, die ich nie einladend fand, kamen von Abu Yasser. Er war ein junger, hagerer Mann, und ich nannte ihn für mich »die Krähe«. Er sah nicht nur aus wie einer dieser Aasfresser – kahl, dünn und mit wenig intelligenten Augen –, er benahm sich auch so, vor allem in Bezug auf meine religiöse Bekehrung. Er wurde schon bald nach seiner Ankunft in der Villa so etwas wie ein Anführer, zumindest bis später ein anderer Scheich kommen sollte; aber wohl nicht aufgrund seiner besonderen Fähigkeiten, sondern nur deshalb, weil er zuvor an einer Universität islamische Studien betrieben hatte. Um seine Stellung zu festigen, suchte er sich sofort ein Objekt und ein Projekt aus: mich und meine Konversion.

Yasser unternahm seinen ersten Versuch im Juli, kurz nachdem er in der Villa eingezogen war und nur wenige Tage vor Beginn des Ramadan. Er kam in meine Zelle, ganz in Schwarz gehüllt, mit einer Sturmhaube auf dem Kopf und einer Pistole im Halfter unter seiner linken Schulter. Ein weiterer Neuankömmling begleitete ihn, außerdem der Medizinstudent, der als Übersetzer fungierte. Ein Bekannter aus Jordanien hatte mir einmal erzhält, dass die Top-Absolventen sehr oft Medizin studieren, während die Ungebildeten und Leistungsschwachen sich für islamische Studien einschreiben, um wenigstens noch Imame zu werden. Das war nur eine subjektive Meinung über die Zustände in Jordanien und ist natürlich viel zu pauschal. Doch in diesem Fall stimmte es zu einhundert Prozent. Alles an den beiden Neuen war arrogant, eingebildet und überheblich. Was waren sie denn, ohne ihre tödlichen Mordwerkezuge, ohne ihre Skimasken und schwarzen Klamotten? Nichts als Verlierer und Verbrecher, deren Ego durch eine krude Mischung von Religion und Weltsicht aufgeblasen worden war und die nun vor einem hilflosen Mann damit prahlten. Sie waren einfach nur manipulierte und verblendete Jüngelchen, die als Kanonenfutter verheizt werden würden für eine der schlimmsten und gefährlichsten totalitären Ideologien, den radikalen Islam.

Abu Yasser startete sein Projekt mit der Frage, ob ich irgendetwas über den Islam wisse. »Nur ein wenig«, antwortete ich ihm. Was ich über den Propheten, über Mohammed wisse? Wieder antwortete ich sehr verhalten und gab vor, wenig zu kennen. Abu Yasser und sein Waffenbruder lächelten sich immer wieder höhnisch und überheblich an, dann kamen sie direkt zum Punkt: Ob ich denn nicht Muslim werden wolle? Als ob er ein Haustürvertreter wäre, der heute noch keinen Verkaufsabschluss gemacht hatte, und frustriert von der Reaktion seines potenziellen Kunden deshalb Druck machte. Ich entgegnete, dass ich viel zu wenig über den Islam wisse, um solch eine Entscheidung zu treffen. Das war defensiv und ausweichend, doch ich konnte die beiden, die mit ihren Egos und geladenen Pistolen bei mir waren, nicht einschätzen. Ich wartete nervös, was nun geschehen würde. Würden sie mich jetzt zwingen? Abu Yasser sagte nur zwei kurze Sätze: »Geh duschen. Du wirst jetzt ein Muslim werden.« Und er wirkte dabei nicht, als glaubte er, dass dies noch irgendeiner Diskussion bedürfe. Ich war geschockt. Ich hatte so etwas geahnt. Aber so offen, unverhüllt und direkt – es traf mich wie ein Schwerthieb. Fieberhaft überlegte ich, ob es etwas gäbe, was ich sagen konnte. Vielleicht konnte ich keinen Ausweg finden, aber wenigstens einen Aufschub erreichen. In diesem Augenblick kam ein anderer Mann und flüsterte Abu Yasser etwas ins Ohr. Es musste etwas Dringendes sein, denn die drei Dschihadis verschwanden sofort. Noch im Weggehen allerdings kündigte mir der Medizinstudent an, dass sie morgen wieder kommen und weitermachen würden. Ich sollte darauf schon einmal gefasst sein. Nur wie?

Der nächste Tag ließ nicht lange auf sich warten und der angekündigte Konversionsvorstoß auch nicht. Der Medizinstudent klopfte an meine Tür, trat ein und befahl mir, genau aufzupassen. Er würde mir jetzt beibringen, wie ein Muslim zu beten habe, und mir erklären, was ich bei der Konversion sagen und tun müsse. Ich wehrte ab und bestand darauf, dass es sich um ein Missverständnis handle. Ich sei noch nicht bereit für solch einen wichtigen Schritt in meinem Leben. Ich müsse noch mehr lernen und verstehen, damit ich auch wirklich ernsthaft an diese Sache herangehen könne. An diese Sache … Was redete ich? Es ging hier um meine Tradition, meine Wurzeln, mein Leben! Doch ich sah darin die einzige Chance, wieder etwas Zeit zu schinden, ohne direkt abzulehnen und mein Leben zu riskieren. Ich sagte ihm sogar, er könne mir gerne einige Grundlagen erklären, auch das korrekte Beten. Ich sagte das in einem ergebenen Ton, um ihn zu besänftigen, den ich konnte seine Enttäuschung hören und sehen. Dabei wurde mir fast schlecht. Ich hasse es zu lügen. Und nichts von dem, was ich gerade dem Medizinstudenten erzählt hatte, stimmte. Doch es war meine Art, mich und meine Freiheit, die mir wichtiger als alles ist, zu schützen. Zumindest so lange es noch irgendwie möglich war. Der Medizinstudent schluckte meine Ausflüchte und Besänftigungen. Ich blieb erschöpft zurück. Noch heute zittere ich, wenn ich daran denke, wie sehr ich mich damals zusammenreißen musste. Es war körperlich schmerzhaft, obwohl niemand mich berührte. Es war, ohne Zweifel, eine besonders niederträchtige Form von psychologischer Folter.

Dieser Geiselnehmer sollte nie mehr zurückkommen, um mich vom Islam zu überzeugen. Trotzdem begann ich intensiver über den Islam, das Christentum und mein Verhältnis zur Religion überhaupt nachzudenken. Ich war schon immer sehr kritisch gewesen, gerade wenn es um angebliche Dogmen oder nicht hinterfragbare Offenbarungen ging. Ich kann mich zum Beispiel bis heute nicht besonders mit dem Alten Testament anfreunden. Es passt auch nicht in mein Verständnis von Gott und seiner Beziehung zu den Menschen, dass nur ein Volk, die Juden, auserwählt sein sollen. Das würde ich auch nicht glauben, wenn es über die Christen gesagt würde. Ich kann nachvollziehen, dass in der Tora Geschichten und Aussagen von universaler Bedeutung stecken. Und ich lese sie als eine Überlieferung, die versucht, Antworten auf Fragen von elementarer menschlicher Bedeutung zu geben: Wo kommen wir her, und wo gehen wir hin? Warum sind wir hier, und was sollten wir tun? Aber wenn aus einem Buch wie dem Alten Testament eine besondere Form der Erwählung abgeleitet wird, ist das für mich schwierig, wie überhaupt jede Form eines religiösen Exklusivismus, egal ob von muslimischer, jüdischer, christlicher oder sonst einer Seite.

Was mich besonders überzeugt und berührt, sind das Neue Testament und die Geschichte von Jesus Christus. Und zwar vor allem deshalb, weil die Botschaft Jesu, zumindest so, wie ich sie verstehe, wirklich universell und tolerant ist. Universell in dem Sinne, dass sie jeden anspricht und nicht nur ein auserwähltes Volk oder eine kleine Gruppe. Gerade in meiner Gefangenschaft ist mir klar geworden, wie revolutionär und radikal dieses Aussage ist: Wir alle sind gleich, weil wir alle Gottes geliebte Kinder sind. Wie anders klangen da die Verdammungen und Höllenpredigten meiner Geiselnehmer, wie anders ihr Hetzen gegen die Sünder und Ungläubigen. Die Botschaft des Neuen Testaments, dass keiner verdammt, sondern wir alle gerettet sind, hat für mich in Syrien – ironischerweise nicht weit weg von dem Ort, an dem Saulus angeblich zu Paulus wurde und damit zu einem der Wegweiser dieser Gnadenbotschaft – eine ganz neue Kraft bekommen. Oder wenn ich daran denke, dass eines der sieben Werke der Barmherzigkeit das Besuchen der Gefangenen ist: Diese Botschaften wurden für mich in meiner Zelle zu einer existenziellen Erfahrung, die ich so nie erwartet hätte.

Für mich war es immer abstoßend, wenn ich sah, wie martialisch die Dschihadis Allah anriefen, wie sie direkt nach ihren Gebeten Kriegs- und Kampflieder hörten. Das hat es auch im Christentum gegeben, sicherlich. Aber ich habe selten den Kontrast stärker empfunden als beim Anblick dieser Fanatiker und dem Gedanken an Jesus, der Frieden und Gewaltlosigkeit predigte, der eben kein General war, der seine Armeen auf das Schlachtfeld führte, um dort seine Religion triumphieren zu sehen.

Ich finde viel Interessantes und Wichtiges im Buddhismus, der zu guten Teilen auch eine spirituelle Schatzkammer für mich ist. Oder ich lese die griechischen Philosophen mit Gewinn, das Lob der Vernunft und der Argumentation, gerade wenn man wie ich acht Monate Menschen ausgeliefert war, für die Vernunft und Abwägung in vielen Dingen nicht zählen. Ich glaube auch nicht, dass man nicht auf gewisse Weise verschiedene Lehren und Ansichten unterschiedlicher Religionen und Weltanschauungen zusammenbringen kann, und ich habe nie verstanden, wie man ernstzunehmende Überzeugungen einfach als Ganzes ablehnen oder gar verurteilen kann. Trotz dieser Offenheit, die für mich essenziell ist, habe ich gerade während und nach den sprituellen Belagerungen in meiner Gefangenschaft erfahren, dass ich zwar sicherlich kein Christ bin, der alles glaubt, was ihm die Kirche erzählt, aber dass am Ende das Christentum meine spirituelle Festung, meine Heimat ist. Das habe ich besonders in Syrien und während der Konversionsversuche erfahren und verstanden.

Diese Versuche wurden mit der Zeit immer heftiger, zumindest dann, wenn Abu Yasser im Spiel war. Es war mitten im Ramadan, als er und ein paar andere der schwarzen Vögel, wie ich sie wegen ihrer schwarzen Dschallabiya nannte, mich mit hinaus zu dem leeren und verdreckten Pool nahmen. Sie führten mich immer wieder um den Pool herum und stellten mir unzählige Fragen. Fragen, die darauf abzielten herauszufinden, ob ich mich gegenüber Allah, dem Propheten oder dem Islam versündigt hatte. Ich war zutiefst beunruhigt, denn ich wusste ja, was diese Männer mit angeblichen Gotteslästerern taten. Die erste Frage war – und sie sollte mir immer wieder gestellt werden –, ob ich wirklich glaubte, dass Jesus Gottes Sohn sei. Ich wusste natürlich, worauf sie hinaus wollten, und so erwiderte ich, dass die Antwort davon abhänge, was man genau unter »Sohn Gottes« verstehe. Man könne es ja, schlug ich vor, so verstehen, dass damit einfach Kind Gottes gemeint sei, so wie wir alle Kinder Gottes sind. Tatsächlich ist es für mich und meinen Glauben nicht so entscheidend, ob Jesus wirklich »Sohn Gottes« im strengen Sinne des Katechismus ist, seine Botschaft bleibt für mich dieselbe und zentral. Für meine Geiselnehmer spielte es dagegen eine enorme Rolle, und sie waren über meine Antwort zutiefst überrascht. So überrascht, dass sie mich nach einigen anderen harmlosen Fragen wieder in meine Zelle zurückließen. Ja, zurückließen: Denn ich zog jede Einsamkeit und Trostlosigkeit dort ihren Bekehrungsversuchen vor. In diesem Fall waren die Mauern meines Gefängnisses kein Hindernis, sondern ein Schutz. Für mich war aber klar: Das Schachern um meine Seele hatte begonnen. Und ich würde dies alles spielen wie eine Schachpartie und so lange alle möglichen Winkelzüge versuchen, bis ich vor dem Matt stünde. Ich war mir sicher, dass mir früher oder später der Tod angedroht werden würde, wenn ich nicht zum Islam überträte. Die Konversion war dann mein letzter Ausweg. Meine Rochade, bevor sie mich Schachmatt setzten.

Wenig später sollte die Partie um meine Seele enger werden. Der nächste Zug führte mich auf den Balkon. Wieder war der bärtige Mann dort, der bereits Anfang Juli mit dabei gewesen war. Dazu ein anderer Vermummter, den ich später als besonders fanatisch kennenlernen sollte und der aus dem Irak stammte, außerdem Abu Zaid. Im Inneren des Hauses stand noch ein weiterer Mann Wache; ich konnte durch die Glastür nur seine Silouhette erahnen. Ich fühlte mich wie vor einem Tribunal – und das war es ja auch. Der Iraker begann zu sprechen, es hörte sich hart und aggressiv an, und Abu Zaid übersetzte. Es schien, als gelte dem Iraker der Islam in erster Linie als ein lukratives Geschäft, und vielleicht war das ja tatsächlich der Fall. Jedenfalls erklärte er mir, ich solle Muslim werden, und wenn wir – er sagte wirklich schon »wir« – mehr Muslime seien, dann würden wir auch mehr davon profitieren. Nicht etwa spirituell, sondern finanziell. Für mich wieder einmal ein Beleg dafür, dass viele der angeblichen Gotteskrieger in erster Linie Götzendiener sind, Diener des Götzen Geld.

Dann schaltete sich der Bärtige ein und fragte mich erneut, ob Jesus für mich Gottes Sohn sei. Ich gab die gleiche Antwort wie am Pool und ergänzte, dass über die Gottessohnschaft Jesu auch im Christentum lange gestritten worden sei und dass es sogar eines Konzils bedurft habe, um eine mehr oder weniger gemeinsame Antwort zu finden. Das sei das Konzil von Nicäa um 325 nach Christus gewesen, und dabei hätten die Interessen von Kaiser Konstantin dem Großen eine bedeutende Rolle gespielt. Und ich fügte hinzu, dass ich der Kirche der Jahrhunderte vor 325 angehörte – und nicht an die Göttlichkeit Jesu glaubte. Die Dschihadisten waren sprachlos.

Doch sie gaben nicht auf. Wieder bedrängte mich der Bärtige und bohrte nach, ob ich denn an das »Buch« glaube? Welches meinte er? Die Bibel oder den Koran oder die »ahl al-kitab«, die »Leute des Buches«, wie es im Koran heißt, also Juden, Christen und Muslime. Diesmal war meine Antwort weniger clever. Ich erklärte, dass ich nicht an ein Buch glaubte, sondern nur an Gott. Und ich fügte hinzu, dass das »Buch« nicht mehr sei als ein Führer, eine Möglichkeit, uns das näher zu bringen, was Gott von uns und für uns wollte.

Meine Entführer waren wieder kurz sprachlos, diesmal aber nicht aufgrund positiver Überraschung. Denn ich hatte ihnen gerade erklärt, dass ich gar nichts von ihrem Dogma hielt, dass der Koran Wort Gottes und heilig sei, und zwar in seiner arabischen »Ursprache«, durch den Erzengel Gabriel dem Propheten Mohammed geoffenbart.

Hatte ich einen Fehler gemacht? Die Befragung ging weiter, ich wurde immer nervöser und beschloss, in der Flucht nach vorne mein Heil zu suchen – oder eben mein Unheil. Ich starrte die drei eisig an und stieß hervor: »Und jetzt? Ist das ein Ultimatum? Wenn ich nicht konvertiere, bringt ihr mich um?« Die drei lachten, eine Spur zu hell. Aus den Augenwinkeln sah ich, dass der Mann hinter der Scheibe ein Zeichen gab. Sofort ließen sie von mir ab und zogen sich zurück. Nur für wie lange?

Ich spürte, dass mein Widerstand schwächer wurde. Mein Geist tat von den vielen Attacken weh, und ich sah mich immer weniger in der Lage, die Winkelzüge meiner Peiniger, ihre Fallen und Vorstöße vorherzusehen. Ich begann, mich leerer und leerer zu fühlen, als würde ich an einer Art religiöser Demenz leiden. Ich glaubte nichts von dem, was man mir einzutrichtern versuchte, und ich wollte es auch nicht. Alles, was sie mir als die wahre Lehre vorbeteten, war für mich nur leere Ware und widersprach meinen Überzeugungen diametral. Alles, was mir heilig schien, war für sie unheilig – und umgekehrt.

Ende August, wir hatten gerade die zerbombte Villa verlassen, brachte mir Abu Zaid eine Koranausgabe in Arabisch und in Französisch. Ich hatte ihn darum gebeten. Ich dachte, dass ich mich auf diese Weise einerseits besser gegen die Konversionsattacken wehren könne, andererseits wollte ich aber auch tatsächlich mehr über dieses Buch herausfinden, das ich Tag für Tag so oft rezitiert hörte und so oft missbraucht sah; zumindest nahm ich an, dass es missbraucht wurde. Mit Abu Zaid unterhielt ich mich oft über den Islam, und diese Gespräche hatten nichts mit den Verhören zu tun, mit denen Abu Yasser und die anderen mich folterten. Ich begann, mich wirklich für den Islam zu interessieren, auch wenn ich weiter spürte, dass er nie meine religiöse Heimat werden würde.

Abu Zaid half mir, die Abneigung, ja, Wut auf den Islam, wie er von den Geiselnehmern vor sich hergetragen wurde, zurückzudrängen und wieder etwas von meiner grundsätzlichen Offenheit allen Religionen gegenüber zurückzugewinnen. Ich las den Koran auf Französisch, sorgfältig und genau, und fing an, mehr zu verstehen, wenngleich viele Suren oder Verse eine Sprache sprachen, die mich nicht berührte, und Bilder verwendet wurden, die nicht mit meinem Verständnis von Gott, dem Menschen und der Welt in Einklang zu bringen waren.

Ähnlich war es mir mit einer Biografie des Propheten ergangen, die mir ebenfalls Abu Zaid zu lesen gegeben hatte, noch in der ersten Villa. Die Lektüre ließ mich mit einem bitteren Nachgeschmack zurück, und ich hatte das Gefühl, der Prophet sei ein Mann gewesen, der zu Beginn seines Auftretens als Religionsstifter zu oft zurückgewiesen worden war und später dafür Rache nahm. Und ich begann das mit den jungen Dschihadis zu vergleichen, die ich traf. Viele von ihnen waren enttäuscht vom Leben, voller Zorn und getrieben von dem Wunsch nach Rache am Westen, der sie angeblich zurückgewiesen und erniedrigt hatte. Ich weiß, dass diese Eindrücke nichts mit wissenschaftlichen Aussagen oder sorgfältiger Exegese zu tun haben, doch das kann auch niemand in solch einer Situation erwarten, im ständigen Kampf um das Überleben. Und ich muss gestehen, dass diese Eindrücke durch meine Gefangenschaft auch nicht relativiert worden sind; allerdings habe ich mir geschworen, mehr über Mohammed zu lesen, um nicht bei diesen Eindrücken stehen zu bleiben. Damals war ich freilich nicht in der Lage dazu – und das bereue ich auch nicht.

Meine Koranlektüre nahm ich jedenfalls ernst, und ich begann sogar, mir Notizen in dem Buch zu machen. Für mich war es die einzige Möglichkeit, mich diesem fremden Text und den sich teilweise widersprechenden Aussagen zu nähern. Ich wollte das Ganze mit meinem Verstand durchdringen – meine Peiniger hatten natürlich etwas ganz anderes im Sinn. Eines Tages ließ Abu Yasser meinen Koran konfiszieren. Ich fragte Abu Zaid, ob es deswegen sei, weil ich in das heilige Buch geschrieben hatte; schließlich wusste ich, dass das für manche Muslime Blasphemie ist. Abu Zaid meinte, das könne gut sein. Oder wollte man vielleicht nicht, dass ich zu einem tieferen Verständnis des Korans käme? Ich vermutete das. Man wollte, dass ich zum Islam konvertierte. Aber nicht, dass ich ihn wirklich verstand. Oder auch nur zu verstehen suchte. Ein mündiger »Bruder« passte nicht zu ihren Plänen.

Immer klarer wurde das, als der alte Scheich etwa Mitte September die Führung der Gruppe übernommen hatte. Nachdem ich mit ihm und dem einen Imam aus Saudi-Arabien gesprochen hatte, wurde ich noch mehr isoliert und in meiner Zelle gehalten. Die kleinen Erleichterungen, die man mir gewährt hatte, waren gestrichen: kein Fernsehen mehr und keine im Raum aufgefundenen Zeitschriften, kein Sudoku mehr und nicht einmal mehr der Koran. Ich wurde noch vorsichtiger. Wenn ich mein Zen praktizierte, überprüfte ich danach fast panisch, ob ich nicht irgendeine verdächtige Spur hinterlassen hatte. Ich wollte nicht für »Zauberei« bestraft werden, denn das würde ich sicher nicht überleben, wie ich von vielen Berichten wusste. Selbst den Strom stellte man in meiner Zelle ab, nur für wenige Minuten und während des Abendessens schaltete man ihn wieder an. Mir war klar: Der Scheich hatte den letzten Zug getan, um mich Schachmatt zu setzen.

Manchmal bin ich mir aber nicht sicher, ob der Scheich damit nicht sogar mein Leben retten wollte. Er wusste, dass sich das Fenster für erfolgreiche Verhandlungen immer mehr schloss, dass meine Kidnapper zunehmend ungeduldiger und wütender wurden, und er hoffte möglicherweise, dass sie mich nach meiner Konversion als »Bruder« nicht ermorden würden, zumindest nicht so einfach. Was auch immer seine Intention war – seine Methode verfehlte ihre Wirkung nicht. Ich war in die Knie gegangen, im buchstäblichen wie im übertragenen Sinne. Ich betete jeden Tag vor allem zum Erzengel Michael, er solle mir gegen meine Feinde helfen, solle ihre Sinne verwirren, auf dass sie vergäßen, meine Tür zu verschließen. Ich betete um einen Engel, wie er dem Apostel Petrus im Kerker erschienen war. Doch es waren nur meine letzten verzweifelten Versuche. Instinktiv wusste ich: Ich hatte alle meine Züge gemacht, alle meine Figuren ausgespielt. Ich konnte nur entscheiden, ob sie meine Zugbrücke herunterreißen würden oder ich sie freiwillig herunterließ. »Freiwillig«.

Es geschah schließlich, als mir Abu Zaid Essen brachte. Ich ließ nur eine kleine Andeutung fallen. Ich wollte sehen, wie er auf diesen Köder reagieren würde. Abu Zaid antwortete in einem warnenden, unheilvollen Ton: »Du solltest besser Muslim werden.« Ich verstand sofort. Es war seine Art, mir zu helfen, mir zu zeigen, dass er sich wirklich um mich sorgte und das Spiel tatsächlich vorbei war. Die Frage war nur noch, wie ich meine Kapitulation verkünden würde. Ich musste ja irgendwie glaubhaft begründen, weshalb ich ausgerechnet jetzt, nachdem ich mich so lange gewehrt hatte, die Religion wechseln wollte. Zuerst dachte ich daran zu erzählen, dass ich vor dem Schlafen zu Gott gebetet und ihn gefragt hätte, was ich tun könne, um mein Leben zu retten. Ich sei dann eingeschlafen und später aufgewacht, mitten in der Nacht, und die Antwort habe gelautet: »Du musst zum Islam konvertieren.« Ich hatte mehrmals erfahren, dass der Glaube an übernatürliche Erscheinungen und Offenbarungen bei den schlichten Gemütern meiner Geiselnehmer sehr ausgeprägt war, bis hin zum Aberglauben. Ich konnte mir deshalb gut vorstellen, dass sie mir diese Geschichte abkaufen würden.

Für den Fall, dass nicht, legte ich mir eine zweite Erklärung zurecht. Ich würde mich überzeugt zeigen, dass es Allah selbst gewesen sei, der mich ihnen an diesem 17. Februar ausgeliefert hatte, dass es sein Plan gewesen sei, um mich auf diese Weise auf den rechten Pfad und damit näher zur Konversion und letztlich zu ihm selbst zu bringen. Meine Gefangenschaft habe deshalb nur einen einzigen Nutzen: meinen Übertritt zum Islam. Mehr würden meine Geiselnehmer nicht bekommen. Nicht, weil es Kanada oder die UN nicht wollten. Sondern weil Allah selbst etwas anderes wollte.

Ich wusste, dass meine Kidnapper der festen Überzeugung waren, dass sie mit meiner Konversion Punkte für das Leben im Jenseits sammeln konnten. Es war Teil des Dschihads und ich sozusagen Beute ihres angeblich heiligen Krieges. Ihre Belohnung war nicht der Austausch anderer Gefangener, sondern ich. Ihr Preis war nicht Geld, sondern meine Seele. Unter anderen Umständen hätte das in meinen Ohren etwas sehr dramatisch geklungen. Doch hier in meiner Zelle in Syrien war es einfach nur die vermutlich wirkungsvollste Überlebensstrategie. Seele gegen Leben, so lautete der Wechselkurs.

Anfang Oktober zog ich Abu Zaid ins Vertrauen. Er sah mich erst verwirrt, dann freudig überrascht und schließlich sogar glücklich an: »Du hast dich richtig entschieden.« Er verließ mich, doch schon bald kamen immer wieder Leute zu mir, um mir zu gratulieren. Ich war auf einmal nicht mehr allein, sondern hatte Brüder. »Brüder«. Als ob es für mich das größte Geschenk wäre, verkündeten sie, dass die Konversion und die Zeremonie schon sehr bald stattfinden würden. Und sie fragten mich, ob sie das Ganze filmen dürften – als handle es sich um einen Geburtstag oder eine Zeugnisverleihung im Kreise der Familie. Beim Gedanken daran fühlte ich mich elend. Ich willigte trotzdem ein, allerdings unter der Bedingung, dass nichts davon in den sozialen Netzwerken gepostet würde. Sie versprachen es, es sei nur für ihre »Archive«.

Ich musste nun erst einmal die Schahada, das islamische Glaubensbekenntnis, auf Arabisch auswendig lernen. In meinem Fall gab es eine spezielle Variante, ganz am Ende sollte ich sagen: »Und Jesus ist nur ein Mensch.« Ich fügte mich und tat alles, was sie von mir als Vorbereitung verlangten. Ich war nun sicher, dass es geschehen würde, dass ich Muslim werden würde, zumindest dem Ritual nach. Ich wusste nur nicht, wann. Schließlich hatte das Warten ein Ende, als eines Abends ein mir bislang unbekannter Imam zu uns in die Villa kam, hochgewachsen und mit einer Intellektuellenbrille. Er sprach etwas Englisch und sollte meinen Eid abnehmen. Er bestand darauf, dass ich die Gründe für meinen Übertritt nennen sollte, und zwar vor laufender Kamera. Hinter mir war eine schwarze Flagge vor der Wand aufgehängt, auf der die Schahada zu lesen war.

Zweimal mussten wir die Zeremonie filmen, zweimal musste ich alles über mich ergehen lassen, bis endlich alle zufrieden waren. Alle, abgesehen von der Person, die im Mittelpunkt stand. Der alte Scheich kam kurz nach dem Ende der Zeremonie, er war so glücklich. Er umarmte mich und hatte Tränen in den Augen. Und um ehrlich zu sein: Ihm gegenüber meinte ich auch meine Umarmung ernst. Ich fühlte mich auf einmal angenommen, spürte menschliche Wärme. Und obwohl ich rational sehr genau begriff, was man da eigentlich mit mir machte, konnte ich doch nicht verhindern, dass ich mich plötzlich als einer von ihnen fühlte. Das klingt absurd, doch so war es. Die monatelange Isolation, der Psychoterror und die spirituelle Folter hatten mich so ausgebrannt, hatten mich so nach menschlicher und emotionaler Nähe dürsten lassen, dass ich sie aufsog wie der Wüstenboden den ersten Regen nach langer Dürre.

Die Konversion veränderte viel für mich, wenn nicht sogar alles. Der Scheich aus Saudi-Arabien herzte mich mit seinem weißen Thobe und der AK-47, und danach kamen immer wieder verschiedene »Brüder«, die mich beglückwünschten, noch tagelang. Und obwohl einige von ihnen Zweifel an der Aufrichtigkeit und Ernsthaftigkeit meiner Entscheidung hatten, besaß ich nun einen völlig anderen Status. Einen Status, der es überhaupt erst ermöglichte, dass ich dieses Buch schreibe. Denn ich bin sicher, dass ich niemals hätte entkommen können, wenn meine Kidnapper nicht durch die Konversion so viel Vertrauen zu mir gefasst hätten. Ganz sicher nicht.

Hätte ich früher konvertieren sollen? Vielleicht. Musste ich konvertieren, um mein Leben zu retten? Ohne Zweifel. Abu Zaid kam nach der Konversion zu mir und sagte, noch immer ganz entzückt: »Jetzt kannst du nicht mehr getötet werden. Jetzt bist du ein Bruder.« Wunderbar. Was würde ich aber anderen Geiseln in ähnlicher Situation raten? Genau das, was ich getan habe. Am Ende war meine Konversion wirklich das Trumpf-Ass, und ich hatte es ausgespielt. Ich hatte so zwar das eine Spiel verloren, aber ich würde das andere gewinnen. Das weiß ich heute mit absoluter Gewissheit. Trotzdem wiegt die Entscheidung emotional schwer. Als ich nach Wien zurückgekehrt war, quälte ich mich immer wieder mit der Frage, ob ich eine Sünde begangen hatte. Ob ich nun wirklich Muslim war und ob ich sogar neu getauft werden müsse. Diese Fragen ließen mir keine Ruhe, und ich suchte Pater Nicklas, einen amerikanischen Ordensmann, auf. Ich hatte ihn Monate vor meiner Verschleppung in Rom getroffen und ich diskutierte mit ihm nun heftig darüber. Ihm gelang es schließlich, mich davon zu überzeugen, dass ich keine Sünde begangen hatte, weil ich mein Leben hatte retten wollen. Natürlich, Märtyrer handeln anders. Aber das war und bin ich nicht. Und deshalb sah es Pater Nicklas als eine Art spiritueller Notwehr. So wie der Apostel Petrus, der Jesus dreimal verleugnet hatte, bevor der Hahn zum dritten Mal krähte – damit habe ich meinen Frieden gemacht. Glaube ich.

»Bruder, tötet ihn nicht!«

»Alle Tiere sind gleich,
aber manche sind gleicher.«

George Orwell, Animal Farm

Die Stimme des Mannes blieb noch ruhig. Doch der gereizte, aggressive Unterton war schon deutlich zu hören. Er war einer meiner Kidnapper und hatte meiner Frau erklärt, dass die Gruppe über das Verhalten der UNO immer wütender wurde und dass vor allem ihr Anführer leicht ausrasten könnte. Meine Frau stand unter Strom, so weit weg von mir und doch die Einzige, die mir gerade irgendwie helfen konnte. Sie versuchte den Mann zu beruhigen: »Bruder«, flehte sie, »Bruder, ich verspreche dir, dass ich mit euch so weit gehe wie möglich, wenn ihr auf sie Druck ausüben wollt. Ich will meinen Ehemann zurück und deshalb genauso sehr wie ihr, dass eure Forderungen erfüllt werden. Und ich tue alles dafür, dass das geschieht. Wenn ihr aber Druck machen wollt, dann nicht auf meinen Mann, sondern auf die UNO und die anderen offiziellen Stellen, die eure Forderungen nicht erfüllen.« Sie machte eine Pause und fügte noch einmal langsamer hinzu: »Aber nicht auf meinen Mann. Er ist unschuldig und wehrlos. Bruder, tötet ihn nicht.«

Das Gespräch ging weiter, und der Unterhändler der Dschihadisten betonte immer wieder, wie wütend ihn und seine Kameraden das Verhalten Kanadas und der UNO mache und dass er für nichts mehr garantieren könne, wenn es so weiterginge. Mit »für nichts mehr« meinte er meine Sicherheit oder einfach: mein Leben. Meine Frau versuchte, ihn zu beruhigen, einen Draht zu ihm zu finden, zu zeigen, dass sie auf meiner und damit irgendwie auch auf seiner Seite stehe, nicht auf der Seite der Bürokratie. Doch sie war allein und hatte nur das Telefon – und ihre Hartnäckigkeit.

Geiselverhandlungen haben meist ein relativ ähnliches Drehbuch und fast immer das eine Ziel: die Freilassung der Geisel. In meinem Fall war das anders, das Ziel lautete: Ich sollte so lange wie möglich am Leben bleiben. Und das auch noch möglichst unbeschadet. Dass das so war, sollte ich erst viel später herausfinden, ein extra für die Verhandlungen angeheuerter UNO-Mitarbeiter sollte mir das erzählen. Seinen Namen würde ich dagegen nie erfahren und wenn, dann hätte ich es hier auch nie geschrieben, um ihn nicht zu gefährden. Er und ein anderer Freelancer, der eine aus dem Libanon, der andere aus Ägypten, hatten die Verhandlungen von Beirut aus geführt. Ohne eben viel für meine Freilassung zu tun.

Meine Geiselnehmer begriffen das relativ schnell. Sie hatten die Nase voll von den leeren Versprechungen und weigerten sich schon bald, direkt mit der UNO und ihren Mitarbeitern zu reden. Bereits der erste Anruf meiner Kidnapper, eine Woche nach meiner Entführung, ging an meine Frau; ich hatte ihnen ihre Nummer gegeben. Danach wurde sie erst Haupt- und dann die einzige Ansprechpartnerin. Statt professioneller Unterhändler der UNO oder meiner Heimat Kanada war es meine Frau, die an der Front stand und mit Worten um mein Leben kämpfte.

Jener erste Anruf wirkte bizarr und verstörend auf meine Frau. Als Syrerin erkannte sie schnell, dass ihr Gesprächspartner auf dem Land aufgewachsen sein musste. Sie selbst stammte aus einer Kleinstadt, und sie war auf eine merkwürdige Weise beruhigt, weil sie sich nicht vorstellen konnte, dass jemand, der vom Land kam, mir etwas antun würde. Der Mann behauptete, dass es mir gut gehe, dass ich genug zu essen bekomme und dass man mich anständig behandle. Und dass man sieben Millionen Dollar Lösegeld fordere.

Sieben Millionen! Meine Frau war nach dem Anruf trotzdem erleichtert. Nach einer Woche Schweigen und quälender Ungewissheit wusste sie wenigstens, dass ich lebte. Das Lösegeld stellte außerdem einen Ausweg dar, den man kontrollieren konnte. Dachte sie. Direkt nach dem Gespräch rief sie bei der kanadischen Botschaft in Wien an und wenig später kontaktierte sie ein Verbindungsmann bei den UN, der für den Rest meiner Gefangenschaft ihr Ansprechpartner sein würde. Alles schien also zu laufen. Dachte sie.

Bis heute gibt es für mich viele Ungereimtheiten während der Verhandlungen, über die ich nur spekulieren kann. Anderes scheint ziemlich klar. Zum Beispiel die Weigerung meines Heimatlandes, direkt mit den Entführern zu sprechen. Nicht offiziell, aber de facto. Weil meine Kidnapper unzufrieden mit den Gesprächen mit den UNO-Unterhändlern waren, drängten sie meine Frau immer wieder, Kontakt zu den Kanadiern herzustellen. Die UNO ließ ausrichten, dass von kanadischer Seite ein Ansprechpartner bestimmt worden sei, der mit den Unterhändlern in Beirut zusammenarbeiten sollte. Die Geiselnehmer sollten in Beirut anrufen, um mit dem Kanadier zu sprechen. Meine Frau richtete das alles aus, sie war glücklich und wähnte sich fast am Ziel. Meine Kidnapper auch, und sie riefen in Beirut an. Dort gab es aber keinen Vertreter der kanadischen Regierung, sondern wieder nur die bereits bekannten UNO-Unterhändler, die dann auch noch folgendes Angebot machten: Meine Entführer sollten mich der syrischen Regierung überstellen, die Waffen niederlegen und sich ergeben. Dafür würden sie Amnestie erhalten. Die Dschihadisten legten sofort auf, kochend vor Wut. Sie fühlten sich hintergangen, schlimmer noch: Sie fühlten sich in ihrer Ehre gekränkt. Sie riefen meine Frau an, erzählten von dem Vorfall und dem Angebot und schleuderten ihr entgegen: »Wir werden deinen Mann in eine blaue Fahne eingewickelt übergeben.«

Meine Frau war außer sich. Vor Angst, vor allem aber vor Wut. Und das steigerte sich noch, als ihr UN-Kontaktmann behauptete, dass von solch einer Abmachung mit der kanadischen Regierung nie die Rede gewesen sei. Der Mann war in Ordnung, das begriff meine Frau im Laufe der Verhandlungen immer mehr, er tat sein Bestes und kümmerte sich so gut wie möglich um sie. Doch zuerst war er seinen Chefs verpflichtet, und die verfolgten eine klare Linie. Eine Linie, die nicht in die gleiche Richtung verlief wie bei anderen Geiseln.

Für eine Geisel ist es besser, Italiener zu sein als Kanadier. Die italienische Regierung hat immer wieder offen über Lösegeldforderungen verhandelt und auch gewisse Summen bezahlt. Viele andere Länder lehnen das ab, sie wollen nicht erpressbar sein. Auch Deutschland gehört dazu. Daher hängen Leben und Schicksal einer Geisel nicht selten davon ab, welcher Nationalität sie angehört. Ich war Kanadier und wurde von meinem Land in dieser Sache im Stich gelassen. Außer endlosen Meetings und Update-Telefonaten hat meine Regierung nichts, rein gar nichts, für mich getan. Das ist eine Tatsache, die bis heute an mir nagt. Und die meine Frau damals fast in den Wahnsinn trieb. Es war beinahe wie bei Pontius Pilatus, der sich demonstrativ die Hände reinwusch, und es anderen überließ, Jesus zu töten – oder nicht. Bei mir wurde die Wahl fanatischen Dschihadisten aus Syrien, Saudi-Arabien oder Tschetschenien überlassen. Jeder weiß, wie das bei Jesus ausging. Und mitschuldig war Pontius Pilatus trotzdem.

Ohne diesen Vergleich zu überreizen: Die Willkür, mit der Jesus zum Tode verurteilt und Barrabas freigelassen wurde, erinnert mich nicht wenig an die Verhandlungen und mein Schicksal als Geisel. Denn was die offizielle Lösegeld-Politik eines Landes ist, muss nicht zwangsläufig auch die reale Politik sein. Natürlich wurden auch Gelder von Ländern gezahlt, die angeblich nicht verhandeln. Die UNO konnte die Forderungen der Geiselnehmer nicht erfüllen. Kanada musste das wissen, und vielleicht ließen sie deshalb die Vereinten Nationen die Gespräche führen. Ging es schief, traf sie keine Schuld. Und Lösegeld wollte man ohnehin nicht bezahlen. Mit dem Pilatus-Vergleich im Hinterkopf ist es besonders interessant, meinen Fall mit dem von Robert Fowler und Louis Guay zu vergleichen. Fowler, ehemaliger kanadischer Boschafter sowie Sondergesandter im Niger, und Guay, kanadischer Diplomat, waren im Dezember 2008 von Al-Qaida entführt worden. Nach fünf Monaten ließ man beide frei.

Später sickerte durch, dass eine Untergruppe von Al-Qaida, geführt vom berüchtigten Mokhtar Belmokhtar, einem algerischen Kämpfer, der als der »Einäugige« Karriere in diversen Kampfgebieten wie Mali, Niger oder Tschad gemacht hatte, dafür verantwortlich war und sich von Seiten der Dschihadisten einem besonderen Vorwurf ausgesetzt sah: Sie hätten mit 1,1 Millionen kanadischer Dollar zu wenig Lösegeld gefordert. Ob das stimmt, sei dahingestellt. Sicher aber ist, dass gezahlt wurde. Vermutlich direkt oder über einen Dritten, sehr wahrscheinlich dann über die Behörden von Mali oder Burkina Faso. Fest steht damit auch, dass die kanadischen Behörden von der offiziellen Linie abgewichen waren. Für Fowler und Guay ein Glück. Es zeigt aber auch die Doppelmoral meiner Regierung in diesen Angelegenheiten. Kanada hat mit meinem Leben gespielt, mehr noch: Kanada hat mein Recht auf Leben und das anderer Geiseln durch seine Untätigkeit verletzt. Würde es so kommen, wie 2016 bei John Ridsdel und Robert Hall, die auf den Philippinen von Abu-Sayyaf-Terroristen gefangen und am Ende geköpft wurden? Damals waren ein Norweger und eine Philippina gleichzeitig freigelassen worden, gegen die Zahlung von Lösegeld. Orwell hat recht: Alle Tiere sind gleich. Aber manche Tiere sind gleicher als andere.

Anscheinend hatte man nicht einmal versucht, ein Lösegeld für mich zu bezahlen oder einen Gefangenenaustausch anzustreben. Als hätte die Priorität meinem Überleben in Gefangenschaft gegolten und nicht meinem Weiterleben in Freiheit. Zudem hätte das Angebot der UN-Unterhändler, das kein Amnestie-Angebot war, sondern eine Beleidigung, für mich tödlich enden können. Oder glaubte auch nur irgendjemand im Verhandlungsteam ernsthaft, dass Rebellen, die von der Regierung nichts als den Tod erwarten konnten und die ihr gesamtes Leben für die Sache des Islams wegwerfen würden, dass diese Rebellen, für die der Westen und die Christen der Satan sind, glaubte wirklich jemand, dass solche Menschen die Waffen von heute auf morgen niederlegen würden, nur weil die UN Amnestie anbieten? Dass sie nach all den Opfern, die sie auf dem Schlachtfeld gebracht hatten, nach den Entbehrungen und Schmerzen, so mir nichts dir nichts kapitulieren würden? Sie hatten ja einen Trumpf im Ärmel, einen kanadischen UNO-Joker.

Wenn ich das schreibe, spüre ich, wie die Wut in mir aufsteigt. Wut darüber, dass mit meinem Leben Jeopardy gespielt worden war und dass meine Frau ohnmächtig dabei zusehen musste, dass offensichtlich wichtigere Steine auf dem Brett lagen als mein Leben. Immer wieder erklärte meine Frau, dass das Risiko steige, je länger man warten würde, dass meine Geiselnehmer mit der Geduld am Ende seien und mir etwas antun würden. Ihr UNO-Kontaktmann antwortete dann, das würde bestimmt nicht passieren, die Dschihadisten hätten viel zu viel Angst vor Interpol. Angst vor Interpol? Fanatische Kämpfer irgendwo im syrischen Outback? Es ist schwer, bei solchen »Argumenten« ruhig zu bleiben. Dass das meiner Frau trotzdem gelang, obwohl ihr Blut kochte und sie sich in ihrer Intelligenz beleidigt fühlte, rechne ich ihr bis heute hoch an. Vielleicht hat auch das mein Leben gerettet. Die »Maßnahmen« Kanadas, der UNO oder Syriens trugen jedenfalls nicht dazu bei.

Meine Frau wurde von ihrem UNO-Ansprechpartner angewiesen, nie mehr direkt mit den kanadischen Behörden über den Fall zu sprechen. Den Fall? Damit meinte man mich, ihren Ehemann – und sie sollte nicht alles versuchen, um mich freizubekommen. Dabei ahnte sie längst, dass die UNO nicht bezahlen würde und es vielleicht auch nicht konnte. Nicht nur ich war hilflos und in Gefangenschaft – sondern auch meine Frau. Und in gewisser Weise waren ihr die Hände noch fester gebunden als mir.

Für meine Eltern galt das Gleiche. Sie bekamen von den staatlichen Behörden in Kanada nur sinnlose bürokratische Auskünfte. Selbst der Vater meiner Ex-Frau, ein ehemaliger österreichischer Botschafter, kam nicht durch. Lösegeld würde von Kanada nie bezahlt, eine dreiste Lüge.

Bei den Gesprächen mit meiner Frau sagte der Sprecher der Entführer: »Wenn sie (die UNO und die kanadische Regierung) ihre Haltung uns gegenüber nicht ändern, kann ich nicht vorhersagen, wie unser Anführer reagieren wird. Er könnte dieses Mal entscheiden, anders vorzugehen.« Meine Frau antwortete auf jede seiner Drohungen besonnen und versuchte, an seine Vernunft zu appellieren: »Hör mir zu, Bruder, wenn du Druck auf sie ausüben willst, dann übe Druck auf sie aus – ich unterstütze dich dabei, soweit ich kann. Ich möchte doch auch, dass eure Forderungen erfüllt werden. Ich will meinen Ehemann zurück! Aber wenn ihr Taten sprechen lassen wollt, dann richtet euch gegen die Regierungen und Organisationen, die eure Forderungen ignorieren, nicht gegen meinen Mann, der nicht an den Dingen beteiligt ist, die ihr ihnen vorwerft. Er ist ein armer und unschuldiger Mann, eingesperrt und hilflos. Ihm irgendetwas anzutun, ist keine gottgefällige Tat.« Der Sprecher erwiderte: »Sie machen mich wütend, und dann sage ich so etwas. Ich werde nichts davon tun, aber du musst meine Drohungen an die UNO weitergeben.« Bei anderen Telefonaten versuchte sie, ihn mit dem Argument zu überzeugen, dass es niemanden interessieren würde, wenn mir etwas geschieht. »Es gibt Millionen von Kanadiern, und die UNO hat Tausende von Angestellten. Er ist nur ein einfacher Mann. Denkst du, es würde irgendjemanden kümmern, wenn ihm etwas passiert? Die Einzigen, die darunter leiden werden, sind ich, seine arme syrische Frau, und unser Baby.« Darauf antwortete er: »Ich gebe nur das weiter, was man mir sagt; ich habe mich freiwillig gemeldet, dir zu helfen. Im Gegenzug möchte ich, dass du mir hilfst, unsere Worte an sie weiterzugeben. Wenn sich hinsichtlich unserer gefangenen Brüder nicht bald etwas tut, kann ich keine Garantie dafür geben, was der Anführer der Gruppe, die Carl gefangen hält, tun wird. Sie (die UNO) wissen ganz genau, wovon ich rede.«

Die Verhandlungen zogen sich endlos hin. Irgendwann ging es nicht mehr um Lösegeld, sondern um einen Gefangenenaustausch. In einem Telefonat vom 29. September zwischen meinen Entführern und meiner Frau – etwa zwei Wochen vor meiner Flucht – sagte die männliche Stimme am anderen Ende der Leitung: »Seit sieben Monaten bekomme ich immer wieder die gleiche Antwort von der UNO. Sie machen sich über uns lustig.« Der Tonfall wurde drohend. »Wenn sie bis zum Ende des Monats Oktober so weitermachen und die Gefangenen, deren Freilassung ich fordere, nicht bei mir sind, werde ich ihnen etwas zeigen, mit dem sie nicht gerechnet haben …« Diese Drohung wiederholte er mehrfach während des Telefonats.

Zuvor hatte er die Namen von fünfundzwanzig Gefangenen durchgegeben, die alle in Bagdad im Gefängnis saßen. Er forderte, dass sie durch Kurdistan nach Syrien gebracht würden. Er sagte sehr deutlich, dass diese Forderung an die kanadische Regierung gerichtet sei. Meine Frau fragte ihn: »Wen möchtest du als Vermittler haben?« Daraufhin schloss er die UNO aus und fügte hinzu, die Gruppe stehe bereits mehr als sechs Monate mit ihr in Kontakt und habe nichts als Lügen und Täuschungen gehört. Meine Frau fragte ihn, ob er der Meinung sei, dass die kanadische Regierung genug Einfluss auf die irakische Regierung habe, um die Freilassung der Gefangenen zu erwirken. Seine Antwort war: »Ja, hundertprozentig. In wenigen Sekunden, in einem Tag wären die Gefangenen raus.« Deadline für die Freilassung sollte der »zehnte Monat« sein, was bei uns der »Oktober« wäre; eine Bezeichnung, die sie nicht benutzen, da sie ihrem eigenen Kalender folgen. Er fügte hinzu: »Sie (die kanadische Regierung) sollte diesen Zeitraum nicht verstreichen lassen, da ich danach nicht mehr garantieren kann, was mit ihm (Carl) passiert – sein Leben könnte in Gefahr sein.« Meine Frau war erschrocken: »Gott bewahre, nein!« Er wiederholte noch einmal: »Nach dem zehnten Monat werde ich nicht mehr mit ihnen (Kanada) kommunizieren und keinerlei Garantie für sein Überleben geben können. Die Lage hier ist gefährlich.« Meine Frau antwortete: »Die Lage war schon immer gefährlich. Wir tun, was wir tun können. Der Rest liegt in Gottes Hand.« Eindringlich fügte sie hinzu: »Wenn sie die Freilassung der Gefangenen ermöglichen, hast du deine Leute zurück. Wenn sie das aber nicht schaffen, kann Carl nichts dafür – wo liegt seine Schuld?« Darauf antwortete ihr Gesprächspartner: »Wenn sie die Lage ernst nehmen, werden sie auch eine Freilassung anordnen können.«

Bei einem ähnlichen Telefonat am dritten Oktober wollte meine Frau mehr herausfinden. Sie versuchte, ihren Gesprächspartner dazu zu bewegen, ihr die Pläne der Entführer zu verraten, falls die Gefangenen nicht bis zum Ende des »zehnten Monats« freigelassen werden würden. Er antwortete: »Er (sein Anführer) wird ein Video in Umlauf bringen, in dem Carl die UNO und die kanadische Regierung beschuldigt, seinen Tod geplant zu haben.« Auf ihre Frage, ob sie das Video drehen würden, ohne mir dabei Schmerzen zuzufügen, antwortete der Sprecher nur kurz: »Für den Moment solltest du ihnen einfach diese Nachricht überbringen.« Sie beschwor ihn: »Mein Bruder, bitte, sie können machen, was sie wollen, ein Video drehen oder sonst etwas. Aber bitte lass nicht zu, dass sie meinem Ehemann etwas antun. Ich flehe dich an, Bruder. Ich glaube daran, dass du ein gottesfürchtiger Mann bist. Tut, was ihr wollt. Verlangt, was ihr wollt, aber bitte tut meinem Mann nichts. Möge Gott dich und deine Familie schützen.« Er antwortete, dass er es versuchen werde, aber dass sie seine Nachricht an die Kanadier weitergeben und diese auf jede nur erdenkliche Weise beeinflussen müsse – »damit wir diese Sache diesen Monat noch hinter uns bringen und dir deinen Ehemann zurückbringen können«. Später fügte er noch hinzu: »Wenn die Angelegenheit nicht diesen Monat erledigt wird, wird alles noch schlimmer, als sie es je befürchtet haben.«

Was passierte? Die UNO behauptete, sie habe nicht die Befugnis, Druck auf einen ihrer Mitgliedsstaaten auszuüben, dürfe den Irak also nicht dazu bringen, Gefangene freizulassen. Die kanadische Regierung war wie immer still. Die Vereinigten Staaten wollten sich nicht einmischen, da ich kein amerikanischer Staatsbürger bin – obwohl mein Stiefvater, der mit meiner Mutter in den USA lebt, Amerikaner ist.

Die Entführer wollten, dass meine Verwandten eine Demonstration für meine Befreiung im Austausch für die Freilassung ihrer »Brüder« organisierten. Meine Eltern sagten jedoch, dass sie nicht die Beziehungen hätten, um vor dem Canadian Department of Global Affairs in Kanada zu demonstrieren und dass man in den USA nicht demonstrieren dürfe – obwohl das gar nicht stimmte. Die unterschiedlichsten Gründe wurden genannt, warum man mir in dieser schweren Lage nicht helfen könne, und an meiner Frau lag es, meinen Entführern all diese Ausreden zu übermitteln. Man bat sie auch darum, sich zu beherrschen und ihren Frust nicht offen zur Schau zu stellen. Das war für sie besonders schwer, da sie Nachrichten überbringen musste, die sie selbst für Lügen und Ausreden hielt. Von allen in meine Entführung verwickelten Personen war sie diejenige, die am meisten Fingerspitzengefühl und Verstand bewies. Ihr verdanke ich mein Überleben. Von allen wurde sie benutzt, um sich selbst aus der Schusslinie zu bringen. Dabei hatte sie nie das volle Vertrauen oder die ganze Unterstützung, die eine auf sich allein gestellte Mutter, die in einer fremden Stadt lebt und mit einem Geiseldrama fertig werden muss, gebraucht hätte. Ich weiß nicht, ob die Leute überhaupt das Ausmaß der Verantwortung begreifen, die auf ihre Schultern abgewälzt wurde, weil niemand bei meiner Rettung helfen wollte – oder durfte.

Die Entführung einer Person durch eine Gruppe von Rebellen, die faktisch ein gewisses Territorium kontrolliert, sollte meiner Meinung nach von der Nation, deren Staatsbürger die Geisel ist, als *casus belli*, als Kriegsakt, gewertet werden. Dieser Staat sollte kompromisslos gegen diese Gruppe vorgehen und nicht nur Presseerklärungen veröffentlichen wie: »Unsere Polizei wird die Angelegenheit untersuchen und dafür sorgen, dass die Täter zur Verantwortung gezogen werden.« Solche Statements sind nur leere Versprechungen, die darüber hinwegtäuschen sollen, dass eigentlich nichts unternommen wird. Die Regierungen dieser Staaten sollten hier genauso konsequent sein wie bei der Weigerung, Lösegeld zu zahlen. Ein Angriff auf einen Bürger oder eine Bürgerin eines Landes, wie zum Beispiel eine Geiselnahme oder ein Mord, sollte auch als Angriff gegen das Land dieses Bürgers angesehen werden. Und auch die rechtmäßige Regierung des Landes, auf deren Grund und Boden die Rebellengruppen ausländische Geiseln nehmen, sollte bis zu einen gewissen Grad für die Tat verantwortlich gemacht werden. Denn zumindest prinzipiell hat diese Regierung die Aufgabe, sowohl die eigenen Bürger als auch ausländische Gäste zu schützen. Sollte diese Regierung nicht in der Lage sein, entführte Ausländer, die auf ihrem Staatsgebiet festgehalten werden, zu retten, sollte sie Streitkräften aus dem Ursprungsland der Geisel Zugang zum Land gewähren, damit diese die Geisel befreien und die verantwortlichen Geiselnehmer bestrafen können.

Meine Entführer erzählten mir einmal, dass sie auch die syrische Regierung kontaktiert hatten, um mich gegen inhaftierte Rebellen einzutauschen. Unglücklicherweise weigerte sich die syrische Regierung, sich auf den Austausch einzulassen – aber nicht etwa aus Prinzip, sondern wegen der größeren Organisation, zu der die Gruppe der Kidnapper gehörte. Später erfuhr ich von meinen Entführern, dass einundzwanzig philippinische UN-Soldaten, die im März 2013 auf den Golanhöhen entführt worden waren, nach nur drei Tagen freigelassen wurden – im Austausch gegen 200 weibliche Gefangene. Das war nur wenige Wochen nach meiner Entführung. Die Rebellen, die die UN-Soldaten gefangen genommen hatten, gehörten zu den Jarmuk-Märtyrerbrigaden, einer mit dem IS verbündeten Gruppierung. Interessanterweise schien es in diesem Fall kein Problem für die syrische Regierung gewesen zu sein, Gefangene mit einer radikalen Gruppierung auszutauschen. Wieder sah ich mich mit einer Doppelmoral konfrontiert. Möglicherweise hatte es die UNO nicht zulassen können, dass einundzwanzig Blauhelme die unfreiwilligen Hauptdarsteller eines Enthauptungsvideos werden. Im Mai wurden vier weitere philippinische UN-Soldaten von derselben Gruppe gefangen genommen und kurz darauf wieder freigelassen.

Am 28. August 2014 wurden fünfundvierzig aus der Republik Fidschi stammende UN-Soldaten von der Al-Nusra-Front auf den Golanhöhen entführt. Zwei Wochen später, am

11. September, wurden sie wieder auf freien Fuß gesetzt. Es wird behauptet, dass um die zwanzig Millionen Dollar Lösegeld für sie gezahlt worden seien, wahrscheinlich von der Regierung Katars. Vermutlich hatte die fidschianische Regierung Katar bei der Klärung des Geiseldramas um Hilfe gebeten. Wilderen Gerüchten zufolge wurden die Taschen mit dem Lösegeld sogar von UNO-Mitarbeitern über die Waffenstillstandslinie getragen. Damit war deutlich, dass die UNO es sich nicht leisten konnte, so viele auf den Golanhöhen stationierte Soldaten zu verlieren, ohne dabei ein Scheitern ihrer Mission zu riskieren.

Ein solches Glück hatte ich wohl nicht, denn nach acht Monaten Gefangenschaft schien laut meinen Kidnappern niemand auch nur einen Cent für meine Freilassung zahlen, geschweige denn mich gegen irgendeinen anderen Gefangenen irgendwo auf der Welt eintauschen zu wollen. Im Grunde saß ich im Todestrakt. Nur mein Übertritt zum Islam und die Barmherzigkeit meiner Kidnapper hielten mich zu diesem Zeitpunkt noch am Leben. Davon bin fest überzeugt. Eine Mitarbeiterin des kanadischen Nachrichtendienstes CSIS (Canadian Service of Intelligence and Security), die ich nach meiner Rückkehr mehrfach in Wien traf, bestätigte meinen Verdacht. Bei einem gemeinsamen Frühstück im Hotel Bristol gab sie mir deutlich zu verstehen, dass sich die kanadische Regierung Sorgen um mein Schicksal gemacht hatte und sich nicht sicher war, ob ich überleben würde. Insofern waren die Verhandlungen mit Beteiligung der UNO doch hilfreich, denn durch sie wurden die Entführer so lange hingehalten, bis sich für mich eine Gelegenheit zur Flucht ergab.

Am Ende jedoch türmten sich die Behauptungen auf: Einige hielten meine Flucht für unglaubwürdig, während sich viele andere als die eigentlichen Helden der Geschichte ausgaben. Wenn ich ehrlich bin, habe ich keine Ahnung, was sie alle beigesteuert haben, außer dass die UNO Kommunikationswege zu den Entführern offen gelassen hatte. Meiner Meinung nach waren Kanada und die UNO an ihre »offiziellen« Richtlinien gebunden, die es ihnen nicht erlaubten, irgendetwas auszurichten. Die UNO hat mir im Nachhinein konsequent den Zugang zu den Akten verweigert, in denen es um meine Entführung geht. Die kanadische Regierung stellte mir nach drei Jahren zwanzig Seiten aus einer 400-seitigen Akte zur Verfügung, die jedoch völlig nichtssagend waren. Die kanadische Beauftragte für Datenschutz und Informationsfreiheit verspricht mir seit zwei Jahren, dass man die Akten des kanadischen Auswärtigen Amtes zu meiner Entführung prüfen werde. Bisher hat sich jedoch nichts daraus ergeben.

All das führt mich zu der Schlussfolgerung, dass mir außer dem Erzengel Michael – vielleicht auch nur Wunschglauben meinerseits – und meiner Frau, die jedes Mal zur Stelle war, wenn meine Entführer anriefen, keiner hatte helfen können und ich ganz alleine gewesen war. Soldaten der kanadischen Spezialeinheiten, die ich im Mai 2014 in Kingston in Ontario traf, erzählten mir, sie seien überrascht gewesen, dass man sie nie mit der Ausarbeitung eines Rettungsplanes für mich beauftragt hatte. Ich bin dennoch dankbar für alles, was in irgendeiner Form unternommen wurde, egal von wem, selbst wenn es auf lange Sicht nicht genug gewesen wäre, um mich zu retten.

Ich will noch einmal auf die Lösegeldthematik zurückkommen; hier gibt es ein paar merkwürdige Aspekte. Im Mai 2013 hatten meine Eltern den Entführern ein Lösegeld von 11 000 Dollar angeboten. Kurz danach flehte ich meine

Mutter am Telefon an, die Summe auf 25 000 Dollar zu erhöhen. Mir war klar, dass kein rational denkender Kidnapper mit einer kanadischen Geisel wie mir jemals so eine niedrige Geldsumme akzeptieren würde. Denn damit würden sie einen unvorteilhaften Präzedenzfall für sich selbst schaffen.

Einige Tage, nachdem sie das Angebot erhalten hatten, kam Abu Jafaar zu mir und erzählte, dass ein reicher Mann aus einem der Golfstaaten der arabischen Halbinsel ihnen wesentlich mehr Geld geboten habe. Der Mann hatte einige Verbindungen zur CIA und wollte grundsätzlich Geiseln helfen, insbesondere aber mir. Einige Zeit später sagte mir Abu Jafaar im Vertrauen, der Deal sei unglücklicherweise geplatzt, nachdem dieser Mann erfahren hatte, um welche Gruppe es sich bei meinen Entführern handle. Damals glaubte ich, dass Abu Jafaar und möglicherweise der Rest der Kidnapper sich das nur ausgedacht hatten oder dass andere Parteien, die ich hier nicht benennen möchte, das 25 000-Dollar-Angebot torpedieren wollten. Warum hätte jemand einen potenziell erfolgreichen Deal verhindern wollen? Ganz einfach: Sie wollten nicht, dass das Lösegeld gezahlt wird. Die Person oder die Personen, die an meine Entführer herangetreten waren, um ihnen mehr Geld anzubieten, könnten dies allein aus dem Grund getan haben, um das niedrigere Angebot unattraktiv zu machen. Sie wussten von Anfang an, dass sie ihr Angebot wieder zurückziehen würden und welche Wirkung dies auf meine Entführer haben würde. Nach einem so guten Angebot würden meine Entführer denken, dass sie mit ein wenig Geduld ein noch viel höheres Lösegeld als die lachhaften 25 000 Dollar bekommen könnten. Selbst jede sechsstellige Summe, die meine Eltern und Freunde hätten aufbringen können, wäre dann nicht mehr attraktiv gewesen. Und so wurde der Wunsch einiger Personen, dass es niemals ein Lösegeld für meine Freilassung geben würde, Wirklichkeit.

Und noch etwas Merkwürdiges passierte. Als ich aus meiner Gefangenschaft zurückkehrte, erzählte mir meine Frau, jemand habe sie am dritten Juni 2013 angerufen und sich mit den Worten vorgestellt: »Hier ist das Büro von Herrn Soundso, er würde gerne mit Ihnen reden.« Nachdem meine Frau den Anrufer begrüßt hatte, fragte sie, ob er ihr freundlicherweise sagen würde, wer Herr Soundso ist. Anstatt die Frage zu beantworten, reichte er das Telefon an eben diesen Herrn Soundso weiter. Der begrüßte sie mit den Worten: »Seltsam. Das ist das erste Mal, dass jemand nicht weiß, wer ich bin. Wissen Sie nicht, was in Syrien vor sich geht? Schauen Sie keine Nachrichten?« Obwohl meine Frau tatsächlich keine Nachrichten verfolgte, außer denen, die in irgendeiner Form mit meiner Entführung zu tun hatten, antwortete sie: »Doch, natürlich. Ich beschäftige mich aber nicht intensiv damit, da ich mich hauptsächlich um mein Baby kümmere.« Er fragte sie, ob sie in Syrien oder Österreich lebe, und kommentierte ihre Antwort damit, er finde es eigenartig, dass ich Kanadier sei und sie in Österreich lebe. Er fügte hinzu: »Wir haben von der Campeau-Entführung gehört. Es ist Ihnen vielleicht nicht bewusst, aber ich habe wichtige Kontakte in Syrien und will Ihnen gerne helfen.« Obwohl Herr Soundso keine genauen Details nannte, war meine Frau von dem Gedanken begeistert, dass eine einflussreiche und gut vernetzte Person sich für mich einsetzen und meine Entführer vielleicht sogar dazu bewegen könnte, mich freizulassen. Herr Soundso sagte anschließend: »Wir möchten mit Ihnen in Kontakt bleiben. Ihr Ansprechpartner ist der Mann, mit dem Sie anfangs gesprochen haben. Währenddessen können Sie meinen Namen im Internet suchen und herausfinden, wer ich bin.«

Herr Soundso fing danach an, laut darüber zu spekulieren, welche Gruppierung mich gefangen halten könnte. Dann wechselte er das Thema und fragte meine Frau nach trivialeren, persönlichen Informationen: Aus welchem Teil Syriens sie komme und Ähnliches. Auf die Frage, was sie über den Stand der Verhandlungen zu meinem Entführungsfall gehört habe, antwortete meine Frau lediglich, ich sei bei meinem letzten Anruf optimistisch gewesen, und dass sie sich keiner Kommunikation zwischen der UNO und meinen Entführern bewusst sei. Die UNO hatte ihr eingeschärft, keinem etwas über meinen Fall zu erzählen, da es die Verhandlungen gefährden könnte. Deshalb sagte sie ihrem Gesprächspartner, dass er sich direkt mit der UNO in Verbindung setzen solle, um mehr über den Stand der Verhandlungen zu erfahren – sollte es überhaupt welche geben. Als meine Frau ihn fragte, woher er ihre Telefonnummer habe, antwortete er nicht, sondern beschwichtigte sie mit den Worten »keine Sorge« und betonte noch einmal, dass seine Stimme Gewicht habe und er mich herausholen würde, egal, wer mich gefangen hielt.

Der UNO-Ansprechpartner meiner Frau war überrascht, dass Herr Soundso sie kontaktiert hatte und bestätigte, dass er ein einflussreicher Mann sei. Als meine Frau jedoch einige Zeit später nachfragte, ob sich etwas mit Herrn Soundso ergeben habe, sagte der UNO-Ansprechpartner, dass dieser eigentlich gar nichts für mich tun könne. Und damit endete Herrn Soundsos Rolle in meinem Geiseldrama. Er verschwand ebenso schnell wieder von der Bildfläche, wie er aufgetaucht war. Doch woher hatte er die Telefonnummer meiner Frau, die in keinem öffentlichen Telefonverzeichnis zu finden ist? Warum schien er nicht einmal zu wissen, wer mich entführt hatte? Zu dem Zeitpunkt, als er meine Frau anrief, schien er nicht in Kontakt mit der UNO oder meinem Heimatland zu stehen. Die Einzelheiten zu ihren Gesprächen mit Herrn Soundso hat meine Frau von der UNO nie bekommen. War Herr Soundso dieselbe Person, von der meine Entführer berichtet hatten? Der Mann aus einem der Golfstaaten, der ein Lösegeld für mich zahlen wollte?

Auf jeden Fall löste sich jede Chance auf Hilfe durch Herrn Soundso nach seinem Kontakt mit der UNO in Luft auf. Ein seltsamer Zufall. Meine Frau hatte mir erzählt, Herr Soundso habe sogar gesagt, er würde mich herausholen, egal ob ich von Banditen oder sonst irgendwem festgehalten werde. Das macht es besonders verwunderlich, dass diese vielversprechende Möglichkeit nach all den ermutigenden Worten von Herrn Soundso plötzlich verschwand – kurz nachdem er mit der UNO geredet hatte. Entweder konnte er trotz seiner Kontakte wirklich nichts ausrichten oder seine Gespräche mit der UNO nahmen eine ganz andere Wendung. Ich werde wohl nie erfahren, was genau passiert ist.

Einer meiner Entführer sagte meiner Frau einmal: »Ich bin mir sicher, dass die UNO und Kanada nicht wollen, dass Carl gerettet wird. Sie haben sich gegen ihn verschworen. Sie wollen ihn loswerden und seine Akte ein für alle Mal schließen.« – Ich würde dieser Aussage noch den Satz »so schnell wie möglich« hinzufügen. Natürlich könnten sie das auch nur gesagt haben, um meine Frau, mich und andere Beteiligte zu manipulieren.

Vielleicht wäre es besser gewesen, wenn sich die UNO nie eingeschaltet hätte. Jedenfalls wäre es hilfreicher gewesen als die Art ihrer Beteiligung. So hätten meine Eltern vom ersten Moment meiner Gefangenschaft an gewusst, dass sie nicht mit der UNO rechnen können, wie ihnen ja auch zu verstehen gegeben wurde, dass sie nicht auf die Hilfe der kanadischen Regierung bauen könnten. Das hätte meine Eltern vielleicht dazu gebracht, aktiv zu werden und eine vernünftige Summe anzubieten, anstatt abzuwarten und blind darauf zu vertrauen, dass die UNO die Geiselnahme kostenlos und ohne Risiko beenden werde. Vielleicht hätten auch meine Entführer schnell verstanden, dass sie von dieser Entführung nicht mehr erwarten konnten, als eine mittelständische amerikanische Familie aufbringen würde, also eine geringe sechsstellige Summe.

Im Grunde wurden meine Eltern von den sogenannten »Experten« schlecht beraten. Diese mögen vielleicht ohne böse Absicht gehandelt haben, jedoch haben sie meine Eltern dahingehend manipuliert, nach den politischen Richtlinien für eine Geiselnahme zu handeln. Deren oberste Priorität: die Prävention weiterer Entführungen, womit die Verhinderung einer Lösegeldzahlung die bevorzugte Lösung ist. Selbst wenn dies den Tod der Geisel bedeutet. Hypothetische, zukünftige Entführungen oder die Verhandlungsprinzipien einer Organisation oder eines Staates haben aber keine Priorität für Eltern. Eltern haben nur eine natürliche und ethische Pflicht: Alles dafür zu tun, ihr Kind zu retten, selbst wenn es ihren eigenen finanziellen Ruin bedeutet. Auch die Androhung eines Strafverfahrens und einer Gefängnisstrafe aufgrund von »Terrorismusfinanzierung« sollte Eltern nicht davon abhalten, ein Lösegeld zu zahlen. Meiner Meinung nach sollten Eltern nicht zögern, ins Gefängnis zu gehen, um ihr Kind zu retten. Welcher Richter, welcher Gerichtshof wäre so unerbittlich in der Anwendung geltender Gesetze, dass er Eltern zu einer Gefängnisstrafe verurteilt, die Lösegeld für die Rettung ihres Kindes gezahlt haben? Ich bezweifle, dass Gerichtshöfe in einem demokratischen Staat so etwas tun würden. Das wäre eine himmelschreiende Ungerechtigkeit.

Bei den Verhandlungen um meine Freilassung ging es lange nur um Geld. Im April und Mai boten einige meiner Freunde – ehemalige Kollegen aus der UNO und langjährige Freunde der Familie – an, sich maßgeblich am Lösegeld zu beteiligen, wodurch eine sechsstellige Geldsumme zusammenkam. Erfreut und dankbar bestätigte meine Frau ihnen, dass alle, die auch nur irgendwie zum Lösegeld beigetragen haben, ihr Geld bis auf den letzten Cent zurückbekommen würden, sobald ich wieder frei wäre. Leider zogen meine Freunde ihr Angebot wieder zurück, als meine Eltern sich einschalteten.

Meine Eltern, die letztlich die Hauptentscheidungsträger für die Auszahlung eines privaten Lösegelds waren, sahen keinen Sinn in einem hohen Lösegeld, obwohl die fragliche Summe im Vergleich zu den von den Entführern geforderten sieben Millionen immer noch gering gewesen wäre. Tatsächlich konnten sie sich aus unterschiedlichen Gründen nie mit dem Gedanken anfreunden, einen großen Geldbetrag für meine Freiheit zu bezahlen. An diesem Punkt fingen sie auch an, Anrufe von meinen Entführern entgegenzunehmen, obwohl sie sich vorher immer kategorisch geweigert hatten – vielleicht, weil ihnen davon abgeraten worden war. Bis dahin hatte meine Mutter meiner Frau Nachrichten für die Entführer zukommen lassen: Sie seien auf einer Kreuzfahrt und könnten daher nicht auf Anrufe reagieren oder sie hätten keinerlei Möglichkeit, ein Lösegeld zu bezahlen, weil meine Mutter nur eine kleine Rente beziehe, die nicht einmal reiche, um ihre Medikamente zu bezahlen. Glücklicherweise leitete meine Frau diese Ausreden nie weiter. Sie vermutete, dass meine Entführer von meinen Eltern erwarteten, in ständiger Sorge um mich zu sein, während ich in Gefangenschaft war. So wundert es mich nicht, dass meine Entführer geglaubt und auch oft genug ausgesprochen haben, dass sich niemand für mich interessiere.

Jetzt, da meine Mutter und mein Stiefvater den direkten Kontakt mit den Entführern suchen wollten, würden sie die Kontrolle über die Lösegeldverhandlungen übernehmen. Sie baten meine Frau, sich von nun an aus der Sache herauszuhalten. Meine Frau war sehr besorgt und bestand darauf, dass alle Beteiligten – vor allem meine Eltern – die Zahlung des Lösegelds nicht länger mit Ausreden hinauszögerten und nicht weniger als 100 000 Dollar anböten. Wenn meine Eltern wirklich Angst davor hatten, dass die Entführer ein hohes Lösegeldangebot ausnutzen würden, hätten sie mit nicht weniger als 50 000 Dollar starten können. Schließlich konnte man davon ausgehen, dass sie mehr verlangen würden, und so wäre man sich vielleicht bei 150 000 Dollar einig geworden.

Wenn man die psychologische Verfassung meiner Entführer an diesem Punkt der Verhandlungen bedenkt, ihren ganzen Frust über die Strategie und Haltung der UNO und Kanadas, hätten ihnen 150 000 Dollar als ein gutes Angebot gelten müssen. Vor allem angesichts der anderen Faktoren: die »Armut« meiner Eltern, meine mittellose Frau und die Tatsache, dass ich ganz alleine war.

Meine Frau rechnete damit, dass eine Zahlung in dieser Größenordnung genügen und die Entführer nicht mehr verlangen würden. Jedoch war sie auch davon überzeugt, dass eine geringere Summe die Verhandlungen zum Scheitern bringen und eine schwere Provokation für die Entführer bedeuten würde, die mich mein Leben kosten könnte. Meine Eltern sahen das nicht so und drängten sie, ihnen die finanziellen Gespräche mit den Entführern zu überlassen. Ohne Geld und mit meinen Eltern als Ansprechpartner im Nacken, blieb ihr nichts anderes übrig, als dem Drängen nachzugeben. So kam es letztendlich zu dem schon erwähnten dürftigen Angebot von 11 000 Dollar, das meine Mutter am Telefon machte. Wie gesagt, ich rastete aus. »Scheiß auf Kanada, scheiß auf die UNO«, schrie ich sie am Telefon an. Ich glaubte, dass sie von ihnen so schlecht in der Lösegeldfrage beraten worden wäre. Und ich zwang sie, die Summe auf 25 000 Dollar zu erhöhen – den Preis eines durchschnittlichen Kleinwagens. Diese lächerliche Summe führte dazu, dass die Entführer nicht weiter um Lösegeld verhandeln wollten. Der Anführer der Dschihadisten, angeblich ein Pakistani, hätte beinahe meine Hinrichtung angeordnet.

Obwohl meine Peiniger danach nie wieder Lösegeld forderten, war dieses Thema wohl nie komplett vom Tisch. Im August, nach etwa fünf Monaten Gefangenschaft, sagte mir Abu Jemen, dass man mich gehen lassen würde, wenn jemand eine Million Dollar für meine Freilassung böte. Hätte man ihnen zu irgendeinem späteren Zeitpunkt einen großen Sack voller Dollarnoten angeboten, sie hätten ihn sofort angenommen.

Das Ende der Lösegeldforderungen schien die UNO optimistisch zu stimmen, denn bis dahin hätte sie ohnehin nichts unternehmen können, da sie von der Generalversammlung der Mitgliedsstaaten nicht für die Auszahlung eines Lösegelds autorisiert worden war. Die neue Forderung meiner Entführer nach einem Gefangenenaustausch hatte die Situation laut UNO nun aber »politisiert«, und damit waren ihr nicht länger die Hände gebunden – behauptete sie anfänglich jedenfalls. Die positive Art, in der die UNO damals diesen Forderungswechsel darstellte, stimmte meine Frau und möglicherweise meine anderen Bekannten optimistisch. Dass das nur heiße Luft war, stellte sich erst mit der Zeit heraus.

Wie stand es um diesen Gefangenenaustausch? Meine Frau fragte ihren Ansprechpartner bei der UNO, warum die syrischen Gefangenen, deren Freilassung gefordert worden war, in einem irakischen Gefängnis einsaßen. Hatten sie das Land illegal betreten? Gab es schwerwiegendere Gründe für ihre Inhaftierung? Die Antwort war diffus. Und auch als schon einige Zeit seit der Freilassungsforderung vergangen war, beteuerte man wiederholt, die UNO habe nichts über die Gefangenen herausfinden können. Der Irak sei ein unabhängiger, eigenständiger Staat, die UNO könne ihn nicht zur Herausgabe solcher Informationen zwingen. Meine Frau brachte fast täglich diese Frage zur Sprache, und schließlich rückte ihr Ansprechpartner mit der Wahrheit heraus: Die Gefangenen, um die es ging, waren Terroristen mit Verbindungen zu Al-Qaida. Ihre Freilassung war also undenkbar. Ende Juli, nachdem zwei Gefängnisse in der Nähe von Bagdad durch Al-Qaida-Kämpfer angegriffen worden waren, teilte man meiner Frau mit, dass auch einige der fraglichen Gefangenen entkommen waren. Meine Wärter bestätigten mir zeitgleich, dass ihre Brüder bereits von Abu Ghuraib aus unterwegs nach Syrien seien. Die UNO vermutete nun, dass es sich bei der Forderung der Entführer nur um ein Täuschungsmanöver gehandelt habe. Damit sollte das echte Vorhaben, der Angriff auf die Gefängnisse, verschleiert werden.

Die Forderung nach Gefangenenaustausch war im Mai gestellt worden und ich hatte auch nie daran geglaubt, dass dieser Austausch funktionieren würde. Warum sollte der Irak offenkundige Terroristen gegen einen unbekannten kanadischen Juristen eintauschen? Meine Entführer erwiesen sich oft als nicht besonders komplexe Denker. Ihre Logik konnte man auf den folgenden Gedankengang herunterbrechen: Die US-Regierung ist ein Verbündeter der kanadischen Regierung, und daher wird sie, nur um einen benachbarten und befreundeten Staat bei der Rettung eines seiner Bürger zu unterstützen, »Druck« auf die irakische Regierung ausüben, damit diese eine Horde Dschihadisten freilässt. Das war, vorsichtig formuliert, sehr weit hergeholt.

Von dem spektakulären Gefängnisausbruch erfuhr ich aus dem Fernsehen beim Sender *Al Jazeera*. Meine Entführer lachten und sagten, ihre Brüder aus Abu Ghuraib seien bereits nach Syrien unterwegs. Ich machte mir Sorgen, viele Fragen schossen mir durch den Kopf: »Werden sie hierher kommen, zur Villa? Werde ich diese Männer treffen? Und was werden sie mit mir machen?« Bereits während meiner Gefangenschaft war der Irak dafür bekannt, ein furchtbarer Ort für Geiseln zu sein. Man denke nur an die beiden Unternehmer Nick Berg und Eugene Armstrong, die 2004 von Abu Musab al-Zarqawi persönlich enthauptet wurden. Zarqawi war der Anführer der Gruppe »Monotheismus und Heiliger Krieg« (Dschamaat at-tauhid wa-l-dschihad), einer Vorgängerorganisation des heutigen IS.

Was mir am meisten Sorge bereitete, war jedoch die Tatsache, dass der Unterhändler meiner Entführer im Irak saß und von dort aus den Gefangenenaustausch für die Gruppe verhandelte. Das verrieten mir meine Wärter, nachdem der Vorschlag in Bezug auf die Abu-Ghuraib-Gefangenen gescheitert war. Die weiteren Verhandlungen, so wurde mir erzählt, drehten sich um dschihadistische Waffenbrüder, die in Guantanamo und in Afghanistan im Gefängnis saßen. Was die »Brüder« in Guantanamo anging, gab es meiner Meinung nach überhaupt keine Möglichkeit eines erfolgreichen Austausches. Vor meiner Gefangenschaft hatten sich die Amerikaner nie auf einen Austausch eingelassen. Erst 2014 machte die US-Regierung eine Ausnahme und tauschte fünf in Guantanamo eingesperrte Taliban gegen einen Sergeant der US-Army aus – Robert Bergdahl, der fast fünf Jahre Gefangener der Taliban gewesen war. Aber warum sollten sie dasselbe für jemanden tun, der noch nicht einmal ein Staatsbürger der USA war und gerade mal ein paar Monate gefangen gehalten wurde? Ich glaube, dass es nicht möglich gewesen wäre, selbst wenn ich noch länger in Gefangenschaft geblieben wäre. Genauso glaube ich, dass die afghanische Regierung keine Gefangenen für eine kanadische Geisel in Syrien ausgetauscht hätte. Am 28. September rief ein neuer Unterhändler an. Er drohte und schimpfte und fragte meine Frau, ob die UN mich einfach krepieren lassen wollten – man habe doch das Video mit meinem amputierten Bein gesehen. Dazu später mehr.

Wie bereits erwähnt gaben meine Entführer meiner Frau einen Tag später eine Liste für die UNO, auf der die Namen von 25 Gefangenen standen, die im Irak festgehalten wurden. Die Gefangenen sollten Anfang Oktober in die kurdische Region des Irak transportiert und von dort aus bis Ende Oktober weiter nach Syrien gebracht werden. Zu den Verbrechen, derer sie angeklagt wurden, wurde nichts gesagt. Die Forderung nach einem Gefangenenaustausch war schon einmal nicht erfüllt worden. Meine Entführer hätten also wissen müssen, dass es nicht funktionieren würde. War diese zweite Forderung, die bis Ende Oktober wohl ebenso nicht erfüllt werden würde, vielleicht nur ein Vorwand, um mich umzubringen?

Nicht lange bevor ich zum Islam konvertierte, vertraute Abu Zaid mir an, dass der alte Scheich, der die Gruppe seit Mitte September anführte, darüber nachdachte, die Verhandlungen zu beenden und sich persönlich um mich zu kümmern. Das machte mir Mut. Ich glaubte ohnehin nicht mehr, dass die UNO nach acht Monaten noch etwas für mich tun könnte. Und ich bezweifelte auch, dass die kanadische Regierung noch etwas tun würde. Ich war außerdem davon überzeugt, dass meine Eltern und Freunde derart in die Passivität gedrängt worden waren, dass sie keinen Versuch unternehmen würden, die Sache selbst in die Hand zu nehmen.

Trägheit musste sich breit gemacht haben, was besonders an der Reaktion auf ein Video zu erkennen war. In dem Video konnte man sehen, dass ich körperlich schwer mitgenommen war, und die Entführer hatten einen perfiden Plan damit: Sie hatten alles so arrangiert, dass es aussah, als hätte man mir ein Bein abgetrennt, und ich musste mitspielen. Trotzdem erklärte sich niemand bereit, mir zu helfen oder ein Lösegeld anzubieten. Im Gegenteil, es blieb still. Meine Frau hatte das Video nicht bekommen, sondern erst später von meinen Entführern davon erfahren. Sie wusste zu dem Zeitpunkt nicht, welche Verletzung ich erlitten hatte, und versuchte naiv, meine Entführer davon zu überzeugen, ein Ärzteteam der UNO zu mir zu lassen. Der Kidnapper, mit dem sie telefonierte, antwortete: »Wir sind hier nicht sicher.

Wenn die UNO Ärzte hierher schickt, wird man uns bombardieren. Wir können nicht das Leben unserer Männer riskieren, nur damit Carl behandelt wird.«

Die Authentizität des Videos wurde von der UNO auf fünfzig Prozent geschätzt. Man vermutete, es handle sich womöglich nur um eine Scheinverletzung. Und das war nicht genug, um irgendjemanden zur Zahlung eines ordentlichen Lösegelds zu motivieren. Meine Frau versuchte hingegen, die Beteiligten zum sofortigen Handeln zu bewegen, egal, wie schwer meine Verletzung tatsächlich war. Die Entführer auszulachen und ihnen zu bedeuten, dass man dem Video nicht viel Vertrauen schenke, so argumentierte sie, könnte meine Kidnapper so wütend machen, dass sie wirklich Körperteile von mir abschneiden und sie als Beweis für ihre Entschlossenheit verschicken würden.

Während die vielen Hauptdarsteller in dem Drama meiner Geiselnahme ihre Muskeln spielen ließen, um ihre Macht und Unnachgiebigkeit zu demonstrieren, war ich der einzige unfreiwillige Darsteller in dieser Reality-TV-Sendung, dessen Einsatz ihn Leib und Leben kosten könnte.

Irgendjemand äußerte während meiner Gefangenschaft den Gedanken, dass die Entführer mich trotz einer Lösegeldzahlung umbringen und das Geld einfach behalten könnten. Aber warum sollte ein Netzwerk wie Al-Qaida eine Geisel töten, nachdem ein Lösegeld gezahlt worden war? Das ist völliger Unsinn. Für Al-Qaida ist das nicht produktiv – ein wesentlicher Teil ihrer Geldmittel stammt aus Lösegeldern. Eine Geisel trotz erhaltenen Lösegelds umzubringen, würde diese Einnahmequelle ernsthaft gefährden. Regierungen, Familien und andere potenzielle Geldgeber wären in Zukunft sehr viel zurückhaltender bei der Auszahlung eines

Lösegelds, wenn die Gefahr besteht, dass Al-Qaida die Geisel trotzdem tötet. Die Statistiken zeigen, dass die große Mehrheit der Geiseln ihre Gefangenschaft überlebt, weil das Lösegeld gezahlt wurde und nicht andersherum.

Später erfuhr ich von meinen Eltern, dass sie nicht alles glaubten, was die UNO ihnen sagte. Aber leider konnten sie sich nicht hinreichend von dem freimachen, was ihnen vorgeschlagen wurde, um mir wirklich helfen zu können. Einmal wurde meiner Mutter gesagt, sie könnte strafrechtlich für Terrorismusfinanzierung belangt werden, sollte sie ein Lösegeld zahlen. Sie ist mit einem Amerikaner verheiratet, und tatsächlich traf diese Aussage 2013 noch zu. Amerikanische Familien konnten theoretisch für eine Lösegeldzahlung angeklagt werden. Erst im Dezember 2014 unterzeichnete Präsident Obama ein Präsidialdekret, dass es Familien erlaubte, Lösegeld für entführte Familienmitglieder zu bezahlen. Ich bin mir sicher, dass ein Anwalt – hätten sie einen gefragt – meinen Eltern sehr wahrscheinlich zu einer Zahlung geraten und ihnen erklärt hätte, dass kein Richter eine fast siebzigjährige Frau verurteilt, die ein paar hunderttausend Dollar ausgegeben hat, um ihrem Sohn das Leben zu retten. Selbst wenn ein Richter in erster Instanz so ein Urteil ausgesprochen hätte, hätte der U.S. Supreme Court die Verurteilung einer Mutter und eines Stiefvaters für die Rettung ihres Sohnes aus der Gefangenschaft höchstwahrscheinlich wieder aufgehoben. Selbst wenn dies nicht der Fall gewesen wäre, wäre die Gefängnisstrafe auf Bewährung ausgesetzt worden. Man hätte meine Mutter einfach dazu ermahnt, keine Straftaten während der Dauer ihrer Bewährung zu begehen, um ihre Gefängnisstrafe nicht antreten zu müssen.

Ich trage denjenigen nichts nach, die meine Eltern »beraten« und ihnen nur ein unvollständiges Bild der Komplexität meines Entführungsfalls vermittelt haben. Vielleicht glaubten sie tatsächlich, dass ihr Weg der richtige sei. Aber es wäre sicher besser gewesen, meinen Eltern unterschiedliche Blickwinkel auf die Situation aufzuzeigen, damit sie eine fundierte Entscheidung hätten treffen können. So hatten die Ratschläge den Effekt, dass sich meine Eltern in die Passivität flüchteten, dass sie sich abhängig machten und abwarteten, anstatt sich auf einen Kampf um das Leben ihres Sohnes einzulassen.

Ich möchte noch einmal ganz klar sagen: Deine einzige Pflicht, wenn jemand aus deiner Familie in Gefangenschaft gerät und weder dein Land, noch der Arbeitgeber des Entführten, noch die Versicherung, noch ein großzügiger Philanthrop oder irgendein Unterstützer die Entführer bezahlen will, ist es, all dein Geld zusammenzutragen und das verfluchte Lösegeld zu zahlen. Wenn das nicht funktioniert, musst du bis zum Äußersten gehen und die »zweite Meile« mitlaufen, um eine brauchbare oder die von den Entführern verlangte Geldsumme zusammenzubekommen und so schnell wie möglich zu bezahlen. Im Leben geht es um mehr als nur ums Geld. Die zusätzliche Zeit, die du mit deinem Angehörigen auf dieser Erde verbringen kannst, ist mehr wert als deine finanzielle Sicherheit. Geld kann man wieder verdienen, aber Menschen können nicht wieder lebendig gemacht werden. Warte nicht ab und lass dich nicht auf die trügerischen Verzögerungstaktiken der Leute ein, die, so mitfühlend und empathisch sie auch sein mögen, nicht dieselbe starke emotionale Bindung zu deinem Angehörigen haben wie du. Für sie ist diese Person zuletzt nur eine Abstraktion, und ihre Aufgabe ist es, die Interessen und Richtlinien ihrer

Organisation durchzusetzen und einem größeren Interesse zu dienen als dem Überleben deines Angehörigen.

Meine Eltern haben sich nicht vollständig hinters Licht führen lassen. Meine Frau ist immer einen Schritt weiter gegangen, indem sie für einige Leute unorthodox wirkende Vorschläge für meine Rettung ausgearbeitet und sich damit gegen die gängige Meinung, die meinen Eltern vermittelt wurde, gestellt hat. Jedoch waren meine Eltern so desillusioniert von der kanadischen Regierung, dass sie noch nicht einmal versucht haben, sich mit den für meinen Fall verantwortlichen Sachbearbeitern des kanadischen Auswärtigen Amtes zu treffen, als sie im August 2013 zur goldenen Hochzeit meiner Tante nach Montreal fuhren. Später hat mir meine Mutter den Grund dafür genannt: Sie hätten keine Zeit gehabt, nach Ottawa zu fahren, weil sie nur eine Woche in Montreal waren. Haarsträubend! Ottawa ist nur zweieinhalb Autostunden von Montreal entfernt! Man kann im Laufe eines Tages ohne Probleme dort hinfahren. Selbst wenn sie überzeugt gewesen wären, dass so ein Treffen nichts bewirken würde, wäre es trotzdem die richtige Entscheidung gewesen. In so einer verzweifelten Situation wie der meinen hätte man nichts unversucht lassen dürfen.

Wenn eine Geisel von ihrem Schicksal ereilt wird, liest eine staatliche Institution lediglich einige nette Worte vor, und eine Minute später ist die tote Geisel für sie nicht mehr aktuell. Glücklicherweise sind nicht alle Regierungen so gleichgültig. Sie tun alles, was zur Rettung entführter Bürger notwendig ist. Ich halte diese Haltung für die menschlichere. Nichts hält diese Regierungen davon ab, im Nachhinein – vorzugsweise verdeckt – nach einer Möglichkeit zu suchen, die Entführer ihrer gerechten Strafe zuzuführen. Noch einmal: Die Entführung von Staatsbürgern, egal welcher Nation, sollte als Kriegsakt betrachtet werden. Das muss nicht zu einem offenen Krieg führen, sollte aber sicherlich doch die Intensivierung eines Krieges nach sich ziehen, der ohnehin schon im Geheimen stattfindet.

Ich kann meine Mutter und ihr unschlüssiges Verhalten verstehen. Ich glaube, dass auch die Angehörigen eines Entführungsopfers eine posttraumatische Belastungsstörung erleiden können. Derart viele unbeantwortete Fragen und sich widersprechende Informationen können den Verstand vernebeln. Nach deiner Gefangenschaft wirst du auf Menschen treffen, die dir, der du doch alles am eigenen Leib erlebt hast, zu erzählen versuchen, was in Wahrheit da draußen passiert ist. Institutionen, die in das Geiseldrama verwickelt waren, werden ihre eigene Version der Ereignisse schreiben, um sich jeder Verantwortung zu entziehen und ihr Image zu wahren. Schließlich hatten sie doch ihre »Experten«.

Über einen Freund bekamen meine Eltern Kontakt zu einem ehemaligen Soldaten der amerikanischen Spezialkräfte. Er leitet in Kalifornien eine Firma, die sich auf Geiselbefreiungen spezialisiert hat. Auch das könnte eine Option für die Familie einer Geisel sein, wenn alle anderen Möglichkeiten ausgeschöpft sind. So eine Operation ist jedoch kein einfaches Unterfangen. Eine Gruppe von Söldnern, die für eine Geiselbefreiung nach Syrien einreist, trifft gegebenenfalls nicht nur auf Rebellen, sondern auch auf Regierungstruppen. Natürlich nehmen sie damit auch in Kauf, bei der Operation zu sterben, weswegen ihre Bezahlung das Risiko mehr als rechtfertigen muss. Mir wurde gesagt, dass sie 20 000 Dollar pro Woche und 50 000 Dollar bei erfolgreichem Abschluss der Mission verlangt hätten. Das mag sehr teuer wirken, ist wahrscheinlich aber angemessen. Womöglich hängt der Preis aber auch von der Vorbereitungsdauer der Befreiungsoperation ab. Für meine Befreiung kam diese Option jedoch wohl nicht infrage – es war zu teuer. Aus dieser Erfahrung habe ich gelernt, dass jeder seinen Preis hat.

In dem Buch »Geisel des IS. Die wahre Geschichte einer 13-monatigen Gefangenschaft« von Puk Damsgård habe ich gelesen, dass die mittelständische Familie des Entführungsopfers zwei Millionen Euro aus den unterschiedlichsten Quellen – Freunde, Verwandte oder dänische Firmen – gesammelt hatte, um für die Befreiung des vom IS entführten Daniel Rye Ottosen zu bezahlen. Ohne dieses Lösegeld hätte der IS ihn sicherlich ohne mit der Wimper zu zucken ermordet – wie so viele andere ausländische Geiseln getötet wurden. Die dänische Regierung gehört zu den konsequent unnachgiebigen Regierungen, wenn es um die Auszahlung von Lösegeldern geht. Wenn eine Regierung ihre Unterstützung nur widerwillig anbietet und bei Verhandlungen ganz offensichtlich versagt, sollten Familien all ihre Ressourcen mobilisieren. Sie sollten nicht bis zuletzt warten und ihrer Regierung oder einer internationalen Organisation wie meinem Arbeitgeber zu viele Chancen geben. Vor allem, wenn diese kein Lösegeld zahlen wollen und den Entführern nichts von Wert anbieten können. Die Familie von Daniel Rye Ottosen musste einen Berater einschalten, der die Verhandlungen für sie führte. Zwar gingen die enormen Kosten dadurch noch einmal nach oben, aber die Investition zahlte sich aus, da der Berater professionell und zielgerichtet war.

Bei einer Gerichtsverhandlung gegen einen meiner Entführer in Stammheim in Deutschland wurde ich vom Anwalt des Angeklagten gefragt, warum ich nicht meine eigenen Ersparnisse im Austausch für meine Freiheit angeboten hätte. Tatsächlich kannte ich meine Kontonummer und die Online-Zugangsdaten zu meinem »prall gefüllten« Konto nicht auswendig. Und ich bin mir nicht sicher, ob die Summe auf diesem Konto meinen Entführern ausgereicht hätte – sie lag weit unter ihrer anfänglichen Forderung. Zudem glaubte ich, es wäre gut, wenn meine Familie wüsste, was auf dem Konto ist. So würden meine Eltern oder die Leute, die das Geld vorstrecken, wissen, dass ich Rücklagen hatte, um es zurückzugeben. Ich hoffte darauf, dass man einige hunderttausend Dollar für mich zahlen würde. Diese hätte ich dann so schnell wie möglich mit meinen Ersparnissen und dem Erlös aus dem Verkauf meiner Wohnung zurückgezahlt. In gewisser Weise bin ich nun finanziell frei und ungebunden, weil überhaupt kein Lösegeld gezahlt wurde. Vor meiner Flucht war kein Geld an die Entführer geflossen. Es wäre jedoch weiser gewesen, angestrengter daran zu arbeiten, mich freizukaufen. Jeder Tag in Gefangenschaft war ein Tag, an dem ich hätte ermordet werden oder dem um uns herum wütenden Krieg zum Opfer fallen können. Irgendwann war ich sogar so weit, darauf zu hoffen, von einer verirrten Bombe getötet zu werden. Während des ganzen Monats August schlief ich nah an der Außenwand meiner Zelle, um die Wahrscheinlichkeit zu erhöhen, bei einem direkten Treffer getötet zu werden.

Ich vermute, niemand verstand die Dringlichkeit der Situation. Die meisten haben sich wohl lieber in ein gewisses Wunschdenken geflüchtet. Es gab aber Freunde, die Geld hatten und bereit waren, eine beträchtliche Summe zu zahlen, um mich freizubekommen. Die eigenen Ersparnisse zu riskieren und den eigenen Lebensstandard aufzugeben, um jemanden zu retten, erfordert viel Liebe und einen Sinn für das, was wirklich wichtig ist. Das waren Freunde wie Micheline, Chuqing und Andrey, die sich bereit erklärt hatten, größere Geldbeträge beizusteuern. Sie und andere Freunde waren sogar bereit, meinen Entführern das Geld zu bringen oder einen Weg zu finden, es ihnen zukommen zu lassen. Andere, wie Willem und Martine, waren sofort bereit, sich an dem Unterfangen zu beteiligen. Und dann gibt es da noch einen Freund bei der Caritas, der jemanden kannte, der einen Aktenkoffer voller Geld an die syrisch-libanesische Grenze gebracht hätte, um ihn meinen Entführern zu übergeben. Ich werde meinen Freunden für immer für ihre große Opferbereitschaft dankbar sein. Dafür, dass sie ihren Lebensstandard riskiert haben und bereit waren, mich freizukaufen und lebend nach Hause zu holen. Deine echten Freunde sind diejenigen, die die Mittel haben, um etwas zu unternehmen, und die Bereitschaft, sie einzusetzen. Ich habe ihnen zwar gesagt, was ihre Hilfsbereitschaft mir bedeutet, werde ihnen aber nie genug dafür danken können. Dann sind da noch Mathieu, Pierre, Chantal, Peter, Klaus und viele andere, wie die Mutter meines ersten Sohnes, die während meiner ganzen Gefangenschaft mit mir gelitten haben. Ich bin sehr dankbar für alles, was sie getan haben, und dafür, dass sie einfach nur Freundschaft und Mitgefühl gezeigt haben.

Meine Frau war der Mittelpunkt der Verhandlungen, umso mehr, als meine Kidnapper sich weigerten, mit meinem Land und der UNO zu kommunizieren. Nach mehreren Gesprächen mit beiden waren sie wütend, frustriert und zweifelten an deren Aufrichtigkeit. Womit sie recht hatten. Ich habe es schon gesagt: Die UNO und Kanada wollten nur Zeit gewinnen. Und ich hatte das Glück, dass meine Frau auf eine Art und Weise mit meinen Entführern reden konnte, die sie bei der Stange hielt und ihnen die Hoffnung gab, dass sie doch etwas bekommen würden – andernfalls wäre ich jetzt tot. Aber selbst sie hätte die Verhandlungen nur bis zu einem gewissen Zeitpunkt aufrechterhalten können. Irgendwann hätten die Entführer bemerkt, dass meine Frau zwar gute Absichten hatte, aber auf sich alleine gestellt war. Zumindest ermöglichte der stetige Kommunikationsfluss meiner Frau, immer ein gutes Wort für mich einzulegen und wiederholt zu betonen, dass ich ein guter Mann und guter Vater sei. Sie versuchte verzweifelt, mich zu retten. Mit dieser Last auf ihren Schultern war sie so gut wie alleine in Wien. Sie hatte nur wenig Geld und kümmerte sich zudem um unseren kleinen Sohn, der noch gestillt werden musste.

Sie war die perfekte Unterhändlerin. Meine Frau ist Syrerin und konnte daher auf Arabisch mit meinen Kidnappern kommunizieren. Obwohl sie syrisch-orthodox ist, sprachen meine Entführer sie als »Schwester« an, wie sie es mit einer muslimischen Frau getan hätten. Sie war immer äußerst respektvoll ihnen gegenüber. Außer der gemeinsamen Sprache gab es viele kulturelle Ähnlichkeiten, obwohl sie aus unterschiedlichen Regionen Syriens stammten. Vielleicht gefiel es meinen Kidnappern auf eine gewisse Art, dass ich mit einer syrischen Frau verheiratet war. Das konnte ein Indikator dafür sein, dass ich kein rassistischer Westler bin, der Araber hasst. Aus ihrer streng salafistischen Perspektive könnte mich das auch irgendwie *halal* gemacht haben – ich hatte keine Freundin, mit der ich außerehelichen Sex praktizierte. Auch die Tatsache, dass ich ein Kind mit einer syrischen Frau hatte, könnte mich respektabler in ihren Augen gemacht haben. Natürlich ist das alles Spekulation, aber eine fundierte Spekulation.

Regierungen und zwischenstaatliche Organisationen bitten die Presse oft darum, nicht über eine Geiselnahme zu berichten, während die Verhandlungen laufen. In meinen Fall gab es einige Nachrichten im Anschluss an meine Entführung und viele nach meiner Flucht, aber keine während meiner Gefangenschaft. Meine Regierung und die UNO strebten in dieser Phase eine vollständige Nachrichtensperre an. Meinen Eltern und meiner Frau gegenüber sagten sie, dass der Kontakt zu den Medien die Verhandlungen gefährden und meine Entführer aufgrund der kostenlosen Publicity gieriger machen könnte. Das Gegenteil ist wahr. In anderen Fällen, in denen Familien medial an die Öffentlichkeit getreten waren, haben Regierungen endlich etwas unternommen, wie etwa Lösegeld gezahlt, selbst wenn es gegen ihren anfänglichen Plan oder ihre Politik verstieß. Ich glaube daher, dass meine Regierung und die UNO meine Gefangenschaft nur aus den Medien heraushalten wollten, um keinem öffentlichen Druck ausgesetzt zu sein. Meine Entführer wollten, dass meine Frau Aufmerksamkeit in den Medien erzeugt. Vermutlich glaubten sie, dass die UNO und die kanadische Regierung meine Familie dahingehend beeinflusste. Selbst wenn jemand die Dinge hätte beschleunigen wollen, etwa durch die Einrichtung eines Unterstützungsnetzwerks über Facebook, wurde er schnell davon abgebracht.

Mir scheint, dass eine Nachrichtensperre hauptsächlich den Interessen von Regierungen und Institutionen dient. Wenn die Medien schweigen, wie sie es in meinem Fall getan haben, glauben Regierungen und Institutionen, der Öffentlichkeit keinerlei Rechenschaft schuldig zu sein. Außerdem werden sie so keiner Kritik ausgesetzt. So kann jahrelange Untätigkeit im Fall einer Geiselnahme unbemerkt und unkommentiert bleiben. Wie hilft das der Geisel? Warum sollte die Tatsache, dass die Gefangenschaft bekannter wird, mehr Probleme für diejenigen verursachen, die das Lösegeld zahlen? Es gibt eine Obergrenze, ab der Regierungen und Familien ohnehin nicht mehr zahlen können. Mir leuchtet das Argument nicht ein, dass der Preis für die Geisel automatisch steigt, sobald die Presse darüber berichtet.

Ohne die Presse vergisst die Öffentlichkeit das Geiseldrama, und die Regierung muss keine Kritik für ihre Untätigkeit oder ihre mangelnde Bereitschaft zu seriösen Verhandlungen einstecken. Sie muss die Forderungen der Geiselnehmer auch nicht zufriedenstellend erfüllen, damit diese die Geiseln freilassen. Den Freunden und der Familie der Geiselnehmer wird auch davon abgeraten, zu demonstrieren oder Petitionen zu starten. Denn solche Aktionen erregen ja öffentliche Aufmerksamkeit und könnten Beachtung in der Presse finden. Aus den Augen, aus dem Sinn, wie man so schön sagt. Vor allem meiner Frau war es zu verdanken, dass das nicht mein Leben gekostet hat. Es ist eine Ironie der Geschichte, die unsere Beziehung noch einmal vertieft, gestärkt, einzigartig gemacht hat: Ich wurde in dem Land gefangen, aus dem meine Frau stammt und in dem ich sie kennengelernt habe. Ihre Heimat und einige ihrer Landsleute hätten mir fast das Leben genommen, für das sie die ganze Zeit über kämpfte. Vermutlich hätte das auch niemand besser gekonnt als sie, indem sie als »Schwester« zu ihren »Brüdern« sprach. Und so werde ich heute oft gefragt, ob ich angesichts der Qualen und Ängste, die ich in Gefangenschaft erlitten habe, mir manchmal wünschen würde, nicht nach Syrien gegangen zu sein. Ich kann das nur entschieden verneinen und antworten: Dann hätte ich meine Frau nicht kennengerlernt.

Meine Flucht – in die Freiheit?

»Wer nichts riskiert,
trinkt keinen Champagner.«

Der 16. Oktober. Der zweite Tage des Eid Al-Adha, des Islamischen Opferfests. Opferfest – das klingt in meinen Ohren zynisch und verstörend. Für Muslime und damit auch für meine Bewacher ist es das wichtigste Fest in ihrem liturgischen Kalender. Für mich ist es die Chance meines Lebens. Vielleicht die letzte.

Der islamische Kalender orientiert sich nicht an der Sonne, sondern am Mond. Das Jahr fällt somit ein paar Tage kürzer aus. Das Eid Al-Adha findet deshalb an immer anderen Tagen statt, diesmal im Oktober. Alles dreht sich um den Propheten Ibrahim, Abraham in der christlichen Tradition. Laut Sure 37 sollte er auf Gottes Befehl hin seinen Sohn Ismael opfern. In meiner Situation klingt das wieder zynisch und verstörend.

Am Morgen des 16. Oktobers werde ich früh geweckt, noch vor dem Sonnenaufgang. Das Morgengebet, das erste Gebet des Tages, steht an, und als neuer »Bruder« bin ich natürlich in der Pflicht. Ich versuche mich nicht einmal zu wehren oder auch nur zu sträuben, warum auch. Ich tue, was man mir gezeigt hat, stumpf im Kopf und mechanisch. Für die Geiselnehmer ist es ein heiliger Tag. Für mich nur ein neuer Tag in meinem Überlebenskampf. Und die Rituale gehören dazu.

Ich habe das Wudu hinter mich gebracht, die rituelle Waschung vor dem Gebet. In Sure 5 heißt es dazu: »Ihr Gläubigen! Wenn ihr euch zum Gebet aufstellt, dann wascht euch das Gesicht und die Hände bis zu den Ellenbogen und streicht euch über den Kopf und wascht euch die Füße bis zu den Knöcheln!« Ich kenne inzwischen den Ablauf, spreche die vorgeschriebenen Zeilen, wasche erst mein Gesicht und dann der Reihe nach Hände, Kopf und schließlich die Füße. Als ich fertig bin, warte ich weiter. Was auch sonst. Irgendwann klopft es, Abu Zaid öffnet die Türe. Ich soll aufstehen und ihm folgen, ins Wohnzimmer. Zum gemeinsamen Gebet.

Also folge ich Abu Zaid und seinen Anweisungen. Das Wohnzimmer wird für das Gebet genutzt, für den religiösen Unterricht, als Speisezimmer, zum Kaffee- oder Teetrinken, für Diskussionen. Oder aber es wird für ganz andere Dinge genutzt, zum Bombenbau zum Beispiel. Mitten in einer Wand gähnt ein Loch, und auch eines der Fenster ist von Artilleriebeschuss völlig zerstört, vor den Fenstern sind Eisenstangen angebracht. Neue Teppiche wurden für das ganze Haus angeschafft, um die Kälte des syrischen Winters auch ohne Heizung zu bekämpfen. Ich hatte meinen Kidnappern sogar helfen müssen, die Teppiche auszulegen und anzubringen, denn handwerklich geschickt sind die wenigsten von ihnen. Ich trete mit Abu Zaid in das Wohnzimmer. Riesige Sofas, wie man sie aus dem Nahen Osten kennt, stehen dort, sie wirken fast pompös. Das Gebet beginnt.

All das wirkt bizarr. Noch keinen halben Monat ist es her, dass ich zwangskonvertiert bin. Und nun sitze ich hier, irgendwo in Syrien, mit Männern, die mich umbringen wollten, die mich gefangen halten, die wer weiß was getan haben, und ich bete mit ihnen. Mit einem ungeheuren Widerwillen, wie meistens. Seit ich konvertiert bin, habe ich fast jeden Tag die fünf Gebete gesprochen, habe das, was man mir vorgab, nachgeplappert, geechot wie ein Papagei, ähnlich emotionslos, ähnlich verständnislos. Wenigstens füllt es meine Zeit. Ich versuche mir einzureden, dass ich nichts zu verlieren habe und dass vielleicht tatsächlich jemand meine Gebete erhört. Wobei es sich gar nicht um verschiedene Gebete handelt, sondern nur um ein einziges Stoßgebet: »Gott, hilf mir hier raus.« Hilf mir zurück in mein Leben, zu meiner Familie, meinen Eltern, meinen Freunden. Zurück in die Straßen Wiens – oder auch in jeden anderen Teil der Welt. Hauptsache raus hier.

An diesem zweiten Tag des Eid bete ich nur zwei Rak'at, zwei Gebete, statt wie die anderen vier. Für mich gilt das Salat As-Safar, das Gebet des Reisenden. Reisender – wohin? Wenn ich früher als die anderen fertig bin, setze ich mich normalerweise auf ein Sofa und warte. Wenigstens einmal außerhalb meines Raums warten, manchmal mit der Chance auf etwas zu essen oder einen Schluck Tee. Irgendwann geht jeder an seine Aufgaben, und ich muss zurück in mein Gefängnis. Doch bis dahin kann ich immerhin einmal andere Wände sehen. An diesem Oktobertag aber bin ich müde. Ich will einfach nur zurück in meine Zelle. Normalerweise folgt mir Abu Zaid oder einer der anderen und verriegelt hinter mir die Tür. Heute nicht.

Heute nicht. Heute laufe ich alleine zurück, gehe in meine Zelle. Die Tür bleibt nicht offen, aber keiner sperrt sie ab. Ich kapiere das sofort. Ich warte darauf, dass jemand kommt und ich das Einrasten des Schlosses höre. Dieses Geräusch, das ich inzwischen auswendig kenne. Doch diesmal höre ich es nicht. Ich bin müde, doch ich kann nicht schlafen. Ich warte und warte auf das Geräusch. Aber es kommt nicht.

Ich weiß bis heute nicht, warum damals niemand abgesperrt hat. Vielleicht hatten sie es vergessen. Vielleicht hatten sie gedacht, dass ich als Neu-Muslim ihr Vertrauen nicht missbrauchen werde. Oder sie waren sich einfach nur sicher, dass ich viel zu viel Angst hätte, einen Ausbruch zu riskieren. Ich weiß es nicht. Was ich weiß: Sie hatten sich getäuscht.

Um halb acht werden meine Kidnapper raus zum Training gehen, der neue Scheich fordert mehr Disziplin. Bevor er das Kommando übernommen hatte, hatten sie nie irgendwelche Kraftübungen oder anderes physisches Training absolviert. Für mich ist diese neue Disziplin die Chance. Instinktiv weiß ich: Ich darf sie nicht verpassen.

Im Kopf hatte ich schon unzählige Male meine Flucht vorbereitet. Ich wusste genau, was ich tragen und mitnehmen würde: meinen Mantel, meine Schuhe, meine durchlöcherten Socken, meine Trekkinghose, ein Palästinensertuch, ein Shirt, meine Brille sowie ein kleines Messerchen – und meinen ganzen Mut.

Ich luge aus meinem Fensterspalt. Sind sie draußen beim Training? Sie sind es. Ich sehe sie, da drüben, durch eine Baumreihe hindurch an einer Wand, die zwei Gebäude voneinander trennt. Ich sehe, wie sie joggen, wie sie Hüpfbewegungen machen, die wir Jumping Jacks nennen – Hampelmänner.

Der Moment ist da. Ich bin mir noch immer nicht sicher, ob das Haus wirklich leer ist. Vielleicht ist ja doch jemand zurückgeblieben, um das Haus zu bewachen, um sich von einem Einsatz an der Front zu erholen oder einfach um sich auszuruhen? Ich horche, so angestrengt wie nie in meinem Leben. Mein Ohr klebt förmlich an der Tür, verschmilzt fast mit dem Holz. Nichts. Ich öffne die Tür und spähe durch den Spalt. Ich sehe nichts. Nichts außer den Kalaschnikows und anderen Gewehren auf dem Boden. Einfach hingeschmissen. Daneben Pistolen, Handgranaten und andere Waffen. Der

Tod auf Holzstühlen und einem zerschlissenen Sofa. Achtlos hingeworfen, wie so viele Opfer der Dschihadisten.

Ich schließe die Tür wieder und atme tief durch. Soll ich wirklich fliehen? Soll ich ... vielleicht ist das alles nur ein Trick, um mich zu prüfen. Um zu testen, ob ich wirklich einer von ihnen geworden bin, zuerst im Glauben und später dann auch in ihrem Wahn, in ihrem Dschihad. Vielleicht wartet Abu Zaid oder ein anderer irgendwo um die Ecke. Vielleicht ... ich atme wieder tief durch. Womöglich ist es eine Falle. Womöglich werden sie mich fangen. Doch das spielt keine Rolle mehr. Jetzt oder nie – das klingt wie eine Floskel. Aber nicht in meiner Situation. Jetzt!

Ich überlege nicht mehr, ob ich fliehen soll, sondern nur, wie viele Waffen ich mitnehmen will. Ich nehme keine mit. Wenn meine »Brüder« zurück vom Training sind und ihre Waffen an sich nehmen und kapieren, dass eine oder sogar mehrere fehlen, werden sie mit Sicherheit meine Zelle überprüfen. Vielleicht tun sie das auch so. Aber jede kleine Möglichkeit, jede Minute zählt. Und selbst bewaffnet hätte ich keine Chance gegen eine Horde fanatischer Dschihadisten, die mich jagen. Das Beste, was mir dann geschehen könnte, wäre, erschossen zu werden. Wahrscheinlicher aber würden sie mich verwunden, sie würden mich fangen und wieder einsperren. Um mich irgendwann vor eine Kamera zu zerren, ein Video zu starten und mich zu köpfen. Als Propaganda für ihren grässlichen Krieg. Ich schwitze noch mehr als ohnehin. Wische mir über das Gesicht, nehme die Brille ab, setze sie wieder auf. Streiche mir über den Schädel.

Jetzt!

Ich lausche noch einmal an der Tür. Das Einzige, was ich höre, ist mein Atem, scharf, wie der Wüstenwind über Sanddünen rauscht. Runterkommen! Das Adrenalin schießt in mir weiter hoch, durch mein Hirn. So muss es sein, wenn man auf Speed ist, denke ich. Ich drehe vorsichtig und behutsam den Türknauf, wie in Zeitlupe. Langsam, nur nicht knarren oder scharren. Die Tür ist auf. Ich lausche wieder – wieder nichts. Jetzt keine Zeitlupe mehr, sondern rasende Geschwindigkeit: Ich renne an der Öffnung zum Wohnzimmer vorbei, durchquere die kleine Eingangshalle vor der Haupttüre, sie steht offen. Raus in den winzigen Innenhof, in dem ich nach meiner Konversion ab und zu habe sitzen dürfen. Unter Aufsicht natürlich und nur kurz und gelegentlich. Unwillkürlich steigt das eine Bild vor meinem inneren Auge auf, wie ich draußen im Hof meinen Schachpartner traf, zutiefst erschüttert, vermutlich von posttraumatischem Stress, und über und über mit Wunden und blutigen Verbänden bedeckt. Er sah mich nicht an, sah eigentlich gar nichts richtig an, sondern starrte nur pausenlos vor sich hin.

Ich schüttle das Bild ab, keine Zeit für Erinnerungen. Wenige Schritte durch den Innenhof, wenige Treppen hinab. Vor mir eine schmale Auffahrt und das Haupttor. Scheinbar die einzige größere Lücke in der zwei Meter hohen Mauer, die das Anwesen abriegelt und mir den Weg nach draußen versperrt. Rechts von mir der Pool, den ich immer aus dem Fenster meiner Zelle habe sehen können. Drei Meter tief, und gefüllt mit Brackwasser. Einmal hatten meine Geiselnehmer dort ein völlig irrsinniges Spektakel abgezogen: Sie hatten Feuerwerkskörper gefunden, keine Ahnung, wo genau. Zurück auf dem Anwesen warfen sie mit den Böllern und führten dabei einen Tanz um den Pool herum auf wie Derwische; na ja, eigentlich eher wie kleine Kinder, die einen Heidenspaß daran haben, dass es kracht und blitzt. Tat es ja sonst nie hier.

Damals brüllte Abu Rashid, der wie Jesus aussah, die ganze Zeit: »Carli! Carli, wie geht's dir?« Ich antwortete aus purer Verzweiflung immer wieder dasselbe: »Alhamdulillah!« »Dank sei Gott!« Abu Rashid war übrigens auch der, der mir manchmal Schokoriegel brachte. Und der einen Bauchschuss erlitt, nach Haifa ausgeflogen und dort gerettet wurde. In Haifa, Israel. Ausgerechnet!

Wenn ich solche Episoden und Erinnerungen beschreibe, dann vor allem deshalb, weil das alles so absurd war. So bizarr und bigott. Und mitten aus dieser bizarr-bigotten Scheinwelt, die für mich Gefängnis war und Grab zu werden drohte, breche ich an diesem 16. Oktober aus. Allerdings nicht durch das wuchtige Haupttor, das vor mir prangt. Dahinter verläuft die Straße zur ersten Villa, wo sie mich zunächst sechs Monate lang gefangen gehalten haben. Soll ich? Die Islamisten trainieren im Hof der ersten Villa, deren großes Tor steht offen, und es kann außerdem leicht sein, dass einer aus irgendeinem Grund, echt oder vorgeschoben, früher zurückgeht. Ich bin nicht in Form, habe wegen meines rechten Knies kaum trainieren können, ein Kampf mit einem oder gar mehreren Männern scheint aussichtslos. Also, einfach durchs Haupttor? Lieber nicht.

Ich drehe mich um und laufe die Treppen runter, links zur Mauer hin. Ich weiß, dass die Kidnapper dort in die Mauer ein kleines Loch geschlagen haben, einen geheimen Fluchtweg. Vor wenigen Tagen erst hat es Abu Rashid mir gezeigt, als wir zu der dritten von den drei Villen gingen. Ein wunderschönes Gebäude, und das in diesem Kriegsgebiet. Die Möbel nur vom Feinsten und aus dem Ausland importiert. Dazu einen riesigen Pool im Haus und sogar einen eigenen Fitnessraum. Davor ein großer Hof, in dem ich mit einem der

Kidnapper, dem Karatelehrer, einmal einen Spaziergang gemacht hatte. Er sprach etwas Englisch, und ich hatte ihm erklärt, dass ich mich langweilte und dass ich gerne etwas tun wollte. Er hatte mir geantwortet: »Du kannst doch Englisch unterrichten. Später mal, im Kalifat.«

Ich will nicht Englisch unterrichten, und schon gar nicht im Kalifat. Allein die Vorstellung, dass es überhaupt ein Kalifat geben würde! Und dann, dass ich dort leben würde, als alter Mann, der auch noch einmal heiraten müsste, obwohl ich daheim eine Frau hatte und zwei Kinder. Ich will nicht in dieser menschengeschaffenen Hölle bleiben, ich kann es nicht. Ich bin buchstäblich in der Hand Satans, fühle seinen Griff, er schnürt mir die Luft zum Atmen ab, drückt fester und fester, quetscht den Lebenswillen aus mir heraus. Egal, was jetzt passieren wird: Ich muss fliehen. Oder es zumindest versuchen.

Ich renne weiter, über eine kleine Brücke, die über einen künstlichen Wasserkanal führt. Ich bleibe im Schatten der schmalen, hohen Zypressen, beschleunige noch einmal. Ich spüre mein Herz pochen, die Lunge rasselt, das Adrenalin ist noch immer am Anschlag. Ich bete, dass die Männer ihr Training nicht beenden und zurückkommen. Jetzt würden sie mich voll erwischen, würden … Ich schiebe, nein, ich schlage den Gedanken zurück.

Ich schlüpfe durch das Loch und stehe im Hof der Nachbarvilla. Ich höre eine Dschihadisten-Ansprache, anscheinend aufgenommen, höre etwas von heiligem Krieg, von Ungläubigen, von Rache und Tod. Ich beschleunige meine Schritte, weiter! Rüber zum Haupteingang, zu dem hohen und massiven Metalltor. Die Ungläubige-Krieg-Tod-Ansprache dröhnt weiter, und ich hoffe, dass die Zuhörer im Haus bleiben. Wenigstens noch die paar Sekunden, bis ich am Tor bin. Ich schaffe es, schiebe mich hindurch und stehe auf der Straße. Meine Nerven liegen blank. Dabei beginnt der gefährlichste Teil erst.

Auf der Straße bin ich möglichen Verfolgern schutzlos ausgeliefert. Kein Ort, wo ich mich verstecken könnte. Links führt der Weg zurück zu meinem vorherigen Gefängnis. Rechts haben die Dschihadisten eine Straßensperre aufgebaut, aus Geröll, Sand und Betonbrocken, über die gesamte Breite der Fahrbahn. Erst kürzlich haben sie begonnen, die Villen für den Häuserkampf zu befestigen, haben Löcher in die Mauern geschlagen, um sich besser von Gebäude zu Gebäude bewegen zu können. Der alte Scheich hatte die Anweisungen gegeben, er war ein Dschihad-Veteran mit viel Erfahrung und kannte sich bestens aus im tödlichen Handwerk.

Ich stehe vor der Sperre. Mit meinen Slippern, meinen Knieschmerzen und ohne Meniskus ein kaum zu überwindendes Hindernis. Doch ich muss da drüber und zwar sofort, das Training dürfte langsam zu Ende gehen. Ich rutsche immer wieder weg, versuche irgendwie Halt zu bekommen, hole alles aus meinem geschundenen Körper heraus. Auf der anderen Seite kann man mich nicht mehr sehen. Auf der anderen Seite liegt die Freiheit. Und ich kann sie nicht anders erreichen, als über diesen Hügel aus Geröll, Stein und Metall. Ich krabble weiter.

Völlig außer Atem, in meinem Herzen und Knie pocht und pulsiert es hart, gelange ich endlich auf die andere Seite. Ich verschnaufe kurz, zwei oder drei Sekunden nur. Dann weiter, um eine Ecke. Ich will Richtung Camp Faouar, das Hauptquartier der UN-Mission auf den Golanhöhen. Doch ich irre etwas umher, wie betrunken von meiner neuen Freiheit. Endlich nicht mehr wie ein gefangenes Tier im Käfig, sondern unter freiem Himmel, im wahrsten Sinne des Wortes auf freiem Fuß.

Nach einigen Schritten und Minuten wird mein Kopf wieder klarer. Zwar bin ich kein eingesperrter Gefangener mehr, aber dafür ein flüchtiger. Die Wahrscheinlichkeit, dass man mich jagen wird, ist groß. Ich bin noch immer hinter feindlichen Linien, und es gibt hier kaum eine Möglichkeit, sich zu verstecken. Zwar befinden sich rechts und links immer wieder Gebäudekomplexe. Doch mit ihren hohen und geschlossenen Mauern erinnern sie ein wenig an abweisende Menschen, die ihre Arme verschlossen halten und starr an einem Hilfesuchenden vorbeigucken. Taub und blind für die Angst und Gefährdung des anderen.

Ich laufe weiter und entdecke plötzlich einen kleinen, seichten Bewässerungskanal aus Zement. Er ist komplett ausgetrocknet, seit mehreren Monaten hat es nicht geregnet. Perfekt. Sollte ein Auto oder ein Motorrad kommen, kann ich mich in den Kanal knien und bin so fast unsichtbar. Zumindest für den flüchtigen Blick. Es klappt, mehrmals knie ich nieder und verschwinde für einige Momente. Jedes Mal sind meine Nerven bis zum Anschlag gespannt, und ich meine, die Blicke auf meinem gebeugten Kopf oder Nacken zu spüren. Aber nichts geschieht.

Ich marschiere und knie weiter. Zumindest das Wetter scheint meine Flucht zu unterstützen, es ist nicht besonders heiß, aber auch noch nicht winterlich kalt. Auf einmal sehe ich aus den Augenwinkeln einen Mann vor einem Tor sitzen. Er trägt die Kleidung eines Einheimischen und scheint noch jung zu sein. Was soll ich tun? Würde ich weiter durch den

Kanal laufen, würde er mich mit Sicherheit entdecken. Das wäre zu auffällig. Ich beschließe, so zu tun, als wäre nichts normaler für mich als dieser Marsch, als wäre ich nicht auf der Flucht, sondern auf einem Spaziergang. Ich habe die rotweiße Kufiya bereits auf und laufe einfach auf den Mann zu. Er bewegt sich nicht, sagt nichts, macht einfach gar nichts. Die Art und Weise, wie ich meine Kufiya gebunden habe, müsste ihm eigentlich auffallen. Ein Einheimischer erkennt sie sofort als nicht fachmännisch gewunden, sodass man nur meine Augen hinter der Brille sehen kann, der Rest ist verdeckt. Es scheint zu reichen, zumindest für diesen Moment.

Nachdem ich den Mann passiert habe, biege ich in die erste Seitenstraße ein, die kommt. Ich will aus seinem Blickfeld geraten. Sollten meine Kidnapper mich suchen und ihn nach mir fragen, will ich nicht, dass er sehen kann, in welche Richtung ich marschiert bin. Die Seitenstraße endet plötzlich, und ich muss durch Garten und Hof eines anderen Gebäudekomplexes. Mist. Mir wird klar, dass Garten, Hof und Gebäude komplett von Mauern umgeben sind und mich die Seitenstraße direkt in die Falle geführt hat. Zurück? Zeit verlieren? Auf keinen Fall. Lieber noch einmal klettern, diesmal über eine Mauer. Ich komme wieder unten an und stehe direkt vor dem Bewässerungskanal, der mir als Fluchtweg gedient hat, bevor ich an dem jungen Mann vorbeimusste. Ich fühle mich etwas sicherer. Ich bin auf dem richtigen Weg und habe keine Zeit verloren. Oder zumindest nicht zu viel.

Ich marschiere weiter im Kanal, mehrere Kilometer weit. Es geht um Kurven und Biegungen, ich folge einfach dem Verlauf. Meine Flucht muss schon längt bemerkt worden sein. Sind sie mir auf den Fersen? Jedes Mal, wenn ich Geräusche höre, erwarte ich meine Geiselnehmer. Sie müssen nach mir suchen, sie können mich nicht einfach so entkommen lassen.

Der Kanal führt mich an verlassenen oder zerstörten Gebäuden vorbei immer mehr nach Osten. Allerdings will ich eher Richtung Westen oder Südwesten. Ich passiere eine Reihe von Baustellen; die nicht fertiggestellten Häuser mit ihren leeren Fensterhöhlen sehen aus wie Geisterbahnen oder Hexenhäuser aus Filmen. Ich habe keine Ahnung, wer oder was sich darin verbirgt, und ich will es auch gar nicht herausfinden. Bestimmt Verstecke für Dschihadisten oder zumindest deren Waffen und Munition. Ich überlege, eine kurze Pause einzulegen, denn die Schmerzen in meinem Knie und die Müdigkeit in meinem Kopf nehmen zu. Doch zu drohend sehen die Häuser aus, sodass ich mich zwinge, weiter voranzuhumpeln. Ich denke zurück an meinen Hundert-Kilometer-Marsch in Makedonien mit meinem Ninjutsu-Trainer Igor und einer Gruppe von dreißig seiner Schüler. 2009 waren wir an einem Sonntagmorgen früh gestartet und bis Mitternacht durchmarschiert. Unsere Füße waren über und über mit Blasen bedeckt. Ich hatte die beiden großen Zehennägel verloren, und die Haut meines Trainers war an manchen Stellen so wundgescheuert, dass man den Knochen sehen konnte. Der Schmerz in den Muskeln und Gelenken war unvorstellbar, und trotzdem hatten wir nicht aufgegeben. Ich hatte begriffen, was »nicht aufgeben« bedeutet, und wenn ich auf allen Vieren hätte krabbeln müssen. Jetzt, in der Gottverlassenheit Syriens, in schlechterer Verfassung, geschwächt und gezeichnet, bin ich Igor unendlich dankbar für diese Erfahrung. Und ich habe nie vergessen, wie er uns antrieb, und immer wieder rief: »Ajde!« »Weiter geht's!«

Ajde! Das ist genau das, was ich jetzt tue. Ich zwinge mich weiterzumachen, über die Schmerzen wegzumarschieren. Ich bete zum Erzengel Michael, bitte um seinen Schutz und Beistand. Doch allein und ohne meinen Willen wird auch der heilige Michael mich nicht retten. Ich vertraue darauf, dass er mir helfen wird, dass mein Glück sein Eingreifen ist. Früher wäre mir ein solcher Gedanke sicher nie gekommen. Doch ich bin nicht mehr so wie früher. Meine Konversion, meine spirituelle Belagerung durch die Kidnapper, das alles hat etwas in mir ausgelöst, etwas in mir geweckt. Was auch immer es ist, es pusht mich vorwärts, immer weiter durch den Kanal. Von der Seite wuchern Gräser herein, vereinzelt auch Zweige, es wird beschwerlicher. Auf einmal höre ich ein Motorengeräusch, das rasend schnell näher kommt, lauter wird. Wahrscheinlich Bauern, aber sicher bin ich mir nicht. Ich werfe mich auf die Seite, rein in die Zweige und Gräser und bedecke mich damit, so gut es geht. Wie eine Spinne hocke ich da und warte und hoffe, dass es wirklich nur Bauern sind, die zu ihren Feldern wollen. Das mag verrückt klingen, wenn man von einem Kriegsgebiet wie Syrien spricht. Ist es irgendwie auch, doch natürlich geht das Leben in manchen seiner Aspekte weiter. Muss es ja, denn wie sonst soll ein Bauer seine Familie ernähren? Und so fahren die Männer jeden Tag raus, an ausgebombten Häusern oder Autowracks vorbei, und versuchen, so gut es geht, die Felder zu bestellen, Bäume zu beschneiden oder andere landwirtschaftliche Arbeiten zu verrichten. So auch die Männer, die anscheinend direkt vor dem Kanal Halt machen und arbeiten – und jetzt?

Ich entscheide mich, zurück bis zu dem Punkt im Gebüsch zu kriechen, an dem mich die Bauern nicht mehr sehen können. Vorsichtig richte ich mich in dem Kanal auf, ziehe mich etwas nach oben, um die Lage zu checken. Niemand zu sehen. Raus aus dem Kanal, auf die andere Seite, gebückt und möglichst schnell. Dort rein in ein Feld, kurz anhalten. Mein Brustkorb entspannt sich, die Luft weicht aus mir wie aus einem Pressluftgerät, ich raffe mich wieder auf. Ajde!

Meine Flucht geht weiter durch Felder und Obstgärten, am besten durch die mit großen Bäumen, hinter denen man sich verstecken kann. Dadurch komme ich langsamer voran, bin aber weit weniger sichtbar. Ich entscheide mich dafür und für die Sicherheit. Na ja, Sicherheit in einem Kriegsgebiet … Meine Kufiya behalte ich auf, für alle Fälle. Und ich schlängle mich weiter durch Büsche und Dornen, ritze mir an unzähligen Stellen die Haut auf, doch das ist mir egal. Einmal muss ich sogar meinen Mantel über einen Stacheldrahtzaun werfen, um irgendwie darüber zu kommen – ich habe ihn heute noch als Andenken an diese unglaubliche Flucht.

Ich gelange bei einem Häuschen an und stoppe. Die Haustür ist nicht abgeschlossen, sie steht einen Spalt weit auf. Ich bin fix und fertig, mein ganzer Körper brennt und kratzt und juckt, und ich habe unvorstellbaren Durst. Ich sehe mich um, ich warte, ich schaue noch einmal. Ich sehe niemanden und wage es: Rein ins Haus, zum nächsten Wasserhahn! Ich trinke, bis der erste Durst gestillt ist. Ich horche angestrengt und eile aus der Tür, weiter auf meiner Flucht. Ich habe keine gesteigerte Lust, dem Bewohner hier in die Arme zu laufen. Jede Frage könnte Argwohn und Misstrauen erregen, und das ist das Letzte, was ich jetzt brauche.

Ich marschiere weiter, diesmal ein Stück auf der Straße. Hinter mir nähert sich ein Auto, und ich habe keine Chance, schnell zu verschwinden. Ich hoffe nur inständig, dass meine arabische Kopfbedeckung genug verbirgt, damit der oder die Fahrer keinen Verdacht schöpfen bei jemandem, der einfach so durch die Gegend um Khan al-Shih spaziert, und das in Kriegszeiten. Das Auto wird nicht langsamer, ein gutes Zeichen. Oder? Anscheinend, denn es fährt einfach an mir vorbei. Ich kann nicht sehen, wer im Auto sitzt. Vielleicht ein paar Dschihadisten. Wenn dem so ist, war meine Kopfbedeckung effektiv. Doch ich bin noch immer nicht am Ziel. Noch lange nicht. Allerdings werde ich immer optimistischer. Ich habe schon einige Kilometer zwischen mich und meine Geiselnehmer gebracht, und anscheinend habe ich Glück. Es geht voran, und ich habe das Gefühl, mein Weg werde auf irgendeine besondere Weise freigehalten. Zwar komme ich durch die Gärten nur langsam voran und kassiere eine Schramme nach der anderen, einen Kratzer nach dem anderen. Doch gleichzeitig sehe ich kaum eine Menschenseele, und der Schatten ist auch nicht unbedingt schlecht. Immer wieder bieten sich kleine, günstige Gelegenheiten zum Untertauchen, und bei den wenigen Menschen oder Fahrzeugen, die mir begegnen, passiert nie etwas. Nähert sich jemand, halte ich den Kopf geneigt, sodass man meine Brille und meine Augen nur bedingt sieht. Werde ich gegrüßt, grüße ich nicht mit der vollen Formel »Wa alaikum Salam« zurück, sondern nur mit »Salam«. Auf diese Weise hoffe ich, meinen Akzent zu verstecken. Und ich vertraue niemandem. Keinem Bauern, keinem Arbeiter, keiner noch so harmlos aussehenden Person. In einem Kriegsgebiet weißt du nie, wer mit wem zusammenarbeitet. Wer zu welchem Clan oder welcher Familie gehört. Ich kenne genügend Geschichten von Geiseln, die entkommen waren, nur um sich dann den falschen Leuten anzuvertrauen. Diesen Fehler werde ich nicht begehen. Diesen nicht. Und wenn man mich doch irgendwie einfangen sollte, ist für mich klar: Ich werde niemals lebend mit ihnen kommen. Lieber lasse ich mich töten als mich noch einmal als Gefangener zurückbringen. Daran besteht kein Zweifel für mich.

Langsam verändert sich das Terrain, es wird hügeliger. Vor mir breitet sich ein kleines Tal aus, in das ich hinuntersteigen muss. Danach geht es wieder bergauf, und ich kann jetzt schon jede Faser meines Körpers spüren. Außerdem sind kaum Bäume zu sehen, es gibt also kaum Schatten und vor allem keinen Schutz. Mindestens eine Stunde werden der Abstieg und der Aufstieg dauern, und mir kommt es so vor, als wäre ich schon ewig unterwegs. Der Himmel hat mehrmals seine Farbe und seine Wolkenformation geändert. Ich habe die schneebedeckten Gipfel der Berge gesehen, die das westliche Syrien vom Libanon trennen. Im Südwesten habe ich das Bergmassiv des Hermon ausmachen können, wo die UNDOF auf fast dreitausend Metern Höhe eine befestigte Stellung hält, in der meistens österreichische Peacekeepers stationiert sind, die manchmal sogar auf Skiern Patrouille fahren, um die entmilitarisierte Pufferzone zwischen dem von Israel und dem von Syrien besetzten Teil der Golanhöhen zu kontrollieren. Während des Kriegs war diese Zone alles, nur nicht entmilitarisiert, immer wieder waren Rebellen eingesickert und hatten sich erbitterte Kämpfe mit Soldaten des Assad-Regimes geliefert. Im August waren fünfundvierzig Peacekeepers von den Fidschi-Inseln dort gekidnapped worden – danach hatte man die meisten Zivilisten umquartiert, zunehmend auch militärisches Personal. Die Geiselnehmer waren von Al-Nusra gewesen – und vermutlich mit der Gruppe verbunden, die mich gefangengenommen hatte.

Diese Gruppe liegt nun immer weiter hinter mir, doch als ich in das Tal hinabsteige, fühle ich mich irgendwie wieder bedrohter, gejagter als zuvor. Ich nähere mich vorsichtig einem kleinen Haus, aus dem plötzlich eine Familie heraustritt. Ich versuche mich zu verbergen, zu spät. Sie starren mich an. Was müssen sie jetzt denken? Sind sie auf der Seite der Rebellen und halten mich für einen Spion der Regimetruppen? Oder gehören sie zu Assad und glauben, ich sei ein Dschihadist? Oder sehen sie einen Dieb in mir, der ihnen das Wenige zu stehlen versucht, was sie noch haben? Wir starren uns weiter an. Und mir kommt der Gedanke, dass es keine Wahrheit hier in Syrien gibt. Oder dass man sie zumindest kaum erkennen kann. Vielleicht stirbt im Krieg die Wahrheit nicht zuerst. Aber sie verschwindet zumindest unter Rauch, Feuer, Blut und manchmal auch nur einem undurchdringlichen Schleier aus Indifferenz. Was in meinem Fall gerade noch das Beste wäre.

Nach einer kleinen Ewigkeit reiße ich mich los von diesen Überlegungen und dem Blickfeld der Familie und marschiere weiter.

Ich falle zurück in meine Gedanken, die immerfort kreisen und die mir helfen, Schritt vor Schritt zu setzen, obwohl mein Körper einfach nur umfallen will. Hinter der Anhöhe, werde ich da endlich Licht am Ende meines Fluchttunnels sehen? Hoffentlich nicht das grelle Licht einer Lokomotive, der Lokomotive Schicksal, die mich rammen und überfahren würde. Das Lokomotiven-Bild gräbt sich mir ein, und es wird zur Metapher für die Leute, von denen ich mich im Stich gelassen fühle. Die sogar insgeheim hoffen, dass ich sterben werde, damit klar wird, dass weder für einen kanadischen Staatsbürger noch für einen UN-Mitarbeiter Lösegeld an Terroristen gezahlt wird – nicht einmal, wenn einer beides ist, so wie ich.

Endlich habe ich das Tal durchquert und mache mich an den Aufstieg. Zuerst westlich, dann südlich und bergauf. Es ist steil hier, die Häuser, die in den Hang gebaut sind, werden von einer dicken Zementmauer gestützt oder zumindest gegen Lawinenabgänge oder den Regen abgesichert, der sintflutartig heruntergehen kann und in dem ausgetrockneten Boden ein widerstandloses Opfer findet. Ich muss also an dieser Mauer so lange entlang laufen, bis sie endet, ein massiver Umweg. Ich komme an einem Panzer vorbei, einem T-54 aus der Sowjetära. Meine Entführer haben auch Panzer, erbeutet von der Armee, während deren Soldaten schliefen. Ein weiterer Beleg dafür, dass die Armee nicht in der Lage ist, diesen Krieg zu gewinnen. Sie sind zu schlecht ausgebildet und vor allem nicht diszipliniert genug. Dieser Panzer jedenfalls scheint schon länger hier zu stehen, er ist mit Steinen arretiert, doch sein Maschinengewehr ist immer noch aufmontiert und blickt drohend ins Tal – und auf mich.

Ich muss an dem Panzer vorbei und habe dabei keine Ahnung, zu wem er gehört. Direkt am Maschinengewehr vorbei, schutzlos ausgeliefert. Habe ich eine andere Wahl, einen anderen Weg? Nein. Ich mache Schritt um Schritt und habe das Gefühl, mitten in eine Salve hineinzulaufen. Auf einmal sehe ich zwei Männer winken und schreien. In Sportklamotten, nicht Army-Camouflage. Sie tragen keine langen Bärte, vermutlich also keine Dschihadisten. Andererseits wollen sie mich augenscheinlich nicht passieren lassen und feuern einen Warnschuss ab. Und jetzt? Mein Kopf spielt die verschiedenen Optionen durch, doch meine Beine agieren von allein. Ich marschiere einfach weiter auf die Männer zu, winke mit meiner rechten Hand und signalisiere, dass ich nicht stoppen werde. Innerlich bin ich bereit, jederzeit den nächsten Schuss zu hören. Ich versuche ihnen klarzumachen, dass ich nicht auf den Panzer aus bin und einfach nur vorbei will. Die Männer hören auf zu winken.

Im Nachhinein weiß ich noch immer nicht, was damals genau geschehen ist. Je mehr ich über meine Flucht nachdenke und über Ereignisse wie dieses, desto mehr bin ich davon überzeugt, dass es nicht nur mein Überlebenswille und meine Erfahrung waren, die mich gerettet haben. Bei diesen beiden Männern schien es mir, als würde eine unsichtbare Barriere zwischen ihnen und mir stehen. Irgendetwas schien sie so zu beeinflussen, dass sie mich nicht mehr stoppen wollten. Meine äußere Erscheinung, mein Humpeln, mein Winken konnten es nicht gewesen sein. Was auch immer es war: Es wirkte. Ich konnte passieren und meine Flucht fortsetzen.

Endlich komme ich an eine Stelle, an der die Mauer durchbrochen ist und eine Treppe direkt auf die Kuppe des Hügels führt. Ich steige hinauf, ohne zu zögern. Meine Sicht reicht schon fast über die Kante, und ich sehe den Beginn einer kleinen, schmalen asphaltieren Straße. Noch nie sah staubiger Asphalt so verheißungsvoll aus wie hier. Ich steige weiter nach oben und erstarre: Vor mir die Mündungen einer ganzen Batterie von schweren Geschützen. Über ihnen weht eine syrische Flagge, rot-weiß-schwarz gestreift, mit zwei grünen Sternen auf dem weißen Mittelstreifen. Nicht die Flagge der Freien Syrischen Armee also, aber vor allem auch nicht das Banner der Al-Nusra-Front oder das von ISIS. Ich bin direkt in eine Artilleriestellung der syrischen Armee gestolpert. Ich muss mich entscheiden: Marschiere ich weiter allein Richtung Camp Faouar und riskiere, irgendwann doch entdeckt zu werden? Oder riskiere ich, dass die Soldaten der Armee mir nicht glauben, mich für einen Spion oder sonst etwas halten? Sicher kann man in einer Hölle wie in Syrien nie sein. Menschlichkeit kann einem begegnen. Oder auch nicht.

Soll ich? Ich beschließe, alles auf eine Karte zu setzen. Die Stellung ist überall mit Stacheldraht geschützt. Ich folge der Stacheldrahtlinie und hoffe auf ein Tor oder zumindest eine Lücke. Ich werde immer ungeduldiger. Endlich tut sich vor mir ein Loch auf. Ein kleines nur, und wieder muss mein Mantel herhalten, damit ich durchschlüpfen kann. Ich schäle mich durch das Loch, und schon sehe ich zwei Soldaten auf Patrouille. Sie stehen mit dem Rücken zu mir, vielleicht dreihundert Meter entfernt. Ich beginne auf sie zuzugehen, sehr langsam und vorsichtig. Mein Mantel ist geöffnet, damit sie sofort sehen, dass ich nichts verstecke. Ich bin bis auf fünf Meter an ihnen dran, als sie sich umdrehen. Es könnte mein letzter Moment sein.

Die Gewehre sind auf mich gerichtet, doch der Abzug wird nicht gezogen. Ich habe die Arme erhoben und rufe »Salam«. In meiner rechten Hand habe ich das Klettband mit dem UN-Logo, das auf meiner kugelsicheren Weste angebracht war, die meine Entführer mir weggenommen hatten. Sie hatten das Klettband auf den Balkonboden in der ersten Villa geworfen, und ich konnte es irgendwann aufheben, als ich kurz an die frische Luft gedurft hatte, und hatte es in meinem Mantel versteckt. Damals hatte ich unglaubliche Angst gehabt, dass mich diese Aktion das Leben kosten könnte. Jetzt rettet es mir vielleicht das Leben. Ich zeige es den Soldaten und versuche mit Gesten und meinen Handgelenken, an denen die Abdrücke der Ketten zu sehen sind, zu signalisieren, dass ich Geisel der Al-Nusra-Front war. Doch die Soldaten sprechen kein Englisch, und mein Arabisch reicht auch nicht aus. Sie haben vermutlich keine Ahnung, wovon ich spreche. Der eine macht dem anderen ein Zeichen. Er hält weiter sein Gewehr auf mich gerichtet, während der andere losläuft. Nach wenigen Minuten kehrt der mit einem Mann zurück: George. George ist der Vorgesetzte der beiden, und er spricht Englisch. Erneut mein Glück.

Ich erkläre George, dass ich acht Monate lang die Geisel der Al-Nusra-Front gewesen sei. Dass sie Lösegeld für mich wollte oder auch Gefangene. George scheint mir zu glauben. Er versichert mir, dass ich in Sicherheit bin. In mir keimt die Hoffnung auf, dass ich es tatsächlich überstanden habe, dass ich nicht noch einmal ausgeliefert werde. Ich fühle mich wie ein riesiger Ballon, der aufgeblasen wurde und weiter aufgeblasen wurde, bis zur absoluten Spannung, gefüllt bis zum Zerplatzen mit Angst, Stress, Trauer, Einsamkeit, Langweile, Verlassenheit und Irrsinn – und das für acht lange Monate. In diesem Moment spüre ich, wie die Luft aus dem Ballon, der ich bin, herausgelassen wird. Ich denke in diesem Augenblick nicht darüber nach, wie surreal es ist, dass ich in eine Artilleriestellung der syrischen Armee eindringen konnte, ohne erschossen zu werden. Ganz zu schweigen von meinem Weg zur Stellung, auf dem ich tausendmal hätte entdeckt werden können. Oder den Umständen meiner Flucht. An all das denke ich nicht. Ich denke an überhaupt nichts, sondern fühle nur den Stress, die Angst und all die anderen Emotionen aus mir entweichen. Und dass stattdessen so etwas wie Hoffnung meine Leere füllt. Hoffnung. Und irgendwann fühle ich doch einen vagen Gedanken in mir aufsteigen: den Gedanken, zwar noch nicht komplett in Sicherheit zu sein, aber auch nicht mehr eine Geisel, ein Kriegsgefangener oder ein Flüchtling. Und auch kein Todgeweihter mehr.

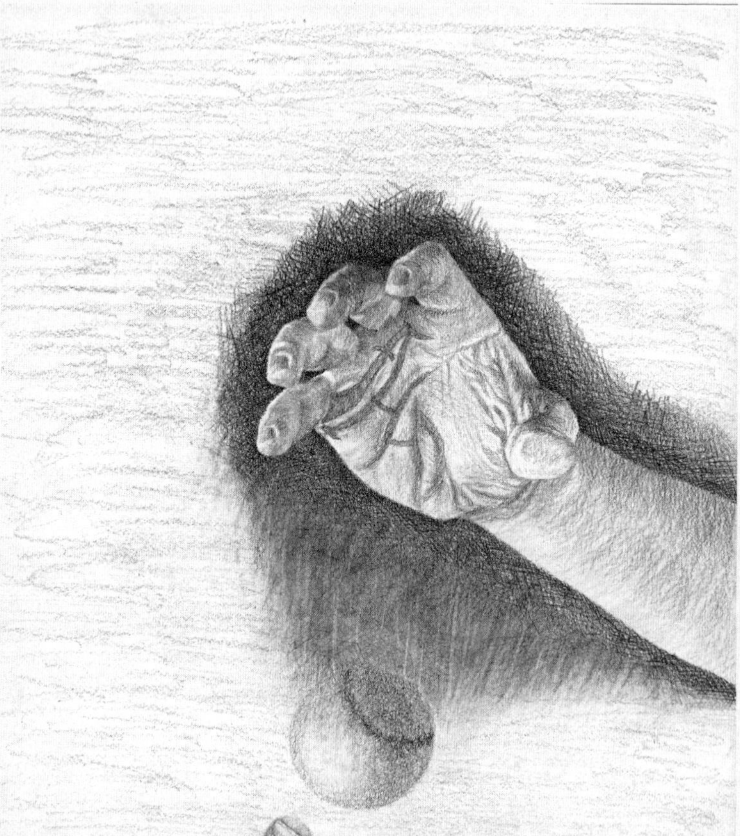

In den Fängen der syrischen Armee

»Es ist immer eine furchterregende Erfahrung,
mit Baschar al-Assads Soldaten zusammenzusitzen.
Sie sind die wirklichen »bad guys« des Regimes,
zumindest für den Rest der Welt
– obwohl in Wirklichkeit der syrische Geheimdienst
diesen Titel verdient.«

Robert Fisk, Independent

Unser schwer gepanzertes Auto schlängelt sich hindurch zwischen Betonblöcken, Sandsackhaufen und anderen Hindernissen. Vor und hinter uns weitere Militärfahrzeuge mit Soldaten. Ich selbst sitze zwischen George und einem anderen Soldaten, streng bewacht. Die Hindernisse sollen das Camp gegen Selbstmordattentäter und andere Angriffe absichern – oder auch gegen unerwartete Eindringlinge. Eindringlinge wie mich.

Wir sind auf dem Weg nach Sasa, und ich kann es noch immer nicht fassen, dass ich heil und unbeschadet auf diese Armeebasis gelangt bin. Besonders jetzt, da ich die strengen Sicherheitsvorkehrungen sehe, kommt es mir wie ein Wunder vor. Wir nehmen die letzte Ausfahrt des Betonblock-Sandsack-Slaloms, und unser Auto beschleunigt. Jetzt, auf freier Fläche, sind wir ein viel leichteres Ziel, und wir müssen so schnell wie möglich vorankommen. Wir rasen über Straßen, die kaum befahren sind und die ich noch nie in meinem Leben gesehen habe, und gelangen zu einem weiteren Militärkomplex. Mit hohen Betonmauern, oben um Stacheldraht erweitert. Man bringt mich in ein Büro, dort empfängt mich ein Offizier, vermutlich vom Geheimdienst. Wieder unzählige Fragen – doch das kenne ich inzwischen schon.

Direkt nach meinem waghalsigen Eindringen in den Stützpunkt hatten mich George und seine Männer in eine Militärbaracke in einiger Entfernung zur der Artilleriestellung gebracht. Obwohl ich keine Ahnung hatte, was mit mir geschehen würde, fühlte ich mich auf eine merkwürdige Weise entspannt. Ich sah keine Dschihadisten-Bärte mehr, ich hörte keine Bekehrungsversuche oder Ansprachen über den Krieg gegen die Ungläubigen mehr, mir fielen nicht einmal religiöse Symbole auf. Ich will nicht pauschalisieren und auf keinen Fall alle religiösen Symbole oder auch Gespräche über den Islam abqualifizieren. Aber nach den acht Monaten spiritueller Belagerung, wie ich es nenne, nach acht Monaten unter Fanatikern hatten bestimmte Insignien bestimmte Bedeutungen für mich bekommen. Zum Beispiel lange Bärte, auch wenn ich natürlich wusste, dass das nicht rational war. Aber was war schon rational nach solch einer Erfahrung?

Mir war auch klar, dass diese Soldaten hier mit Sicherheit keine Heiligen waren. Dass sie Menschen getötet und vielleicht sogar gefoltert hatten – möglicherweise auch Unschuldige. Doch in diesem Augenblick waren sie für mich Retter und Beschützer. Zumindest vorerst.

George war währenddessen die gesamte Zeit am Telefon. Er schien erklären zu müssen, weshalb ein kanadischer UN-Beobachter als Geisel in Khan Al-Shih gewesen war, und wie man ihn aufgegriffen hatte. Als er fertig war, erklärte mir George, dass er mich zum General bringen würde, einem Alawiten – also aus der religiösen Gruppe, der auch Baschar al-Assad angehört und die treu ergeben zu ihrem Anführer steht. Er erwartete uns im Militärcamp, das wir wenig später erreichten. Ein massiger Mann, mit kahlrasiertem Schädel, in schwerer schwarzer Lederjacke. Wir begrüßten uns, und ich begann meine Geschichte zu erzählen, George übersetzte. Der General musterte mich währenddessen aufmerksam, aber nicht eindringlich. Immer wieder nickte er, und es schien fast, als würde man mir glauben. Ich fühlte mich nun wirklich sicher. Zum ersten Mal seit acht Monaten. Es war ein unsagbar schönes Gefühl. Ein Gefühl, das absurd erscheint, wenn man bedenkt, wo ich mich in diesem Moment befand. Doch genauso war es.

Nach dreißig Minuten stoppte der General seine Befragung und lud mich zum Mittagessen ein. Eine Einladung zum Mittagessen – auch das fühlte sich surreal erleichternd an. Wir gingen in ein altes Gebäude, das so steril wie ein Krankenhaus auf mich wirkte, zumindest wie ein Krankenhaus daheim in Kanada oder in Wien. Wir kamen in einen Raum, in dem bereits viele verschiedene syrische Gerichte vorbereitet worden waren. Hummus natürlich und Baba Ghanoush, Kebabs aus verschiedenem Fleisch und weitere Sachen. Ich nahm einen ersten Bissen, köstlich. Alle aßen und schienen völlig entspannt, und ich wunderte mich. Ich hatte fast vergessen, dass gerade Eid al-Adha war, so viel und gut kam mir alles vor. Man bot mir eine Zigarette an. Ich rauche normalerweise nicht. Ist das nicht »haram«, überlegte ich kurz, also Sünde, während des Eid? Aber ich nahm die Zigarette und dachte: »Carl, du bist jetzt frei, und für den Augenblick sicher auch frei von all dem Gerede über Sünde.« Ich nahm einen Zug – er fühlte sich an wie ein Befreiungsschlag und wie eine Botschaft an meine Kidnapper und deren Dschihadi-Regeln: Ich musste mich ihrem Fanatismus nicht mehr unterwerfen. Ich war ihnen entkommen.

Nach dem Essen sollte ich weiter warten, zusammen mit anderen Soldaten. Wir saßen in einem Raum, in dem ein Fernseher mit lauter Musik dröhnte. Anscheinend lief gerade eine Bauchtänzerinnen-Show, und ich starrte auf seltsame Weise fasziniert auf den kleinen Bildschirm: Ich hatte lange keine so spärlich bekleidete Frau mehr gesehen. Ich erzählte das den Soldaten und sagte scherzend, dass es doch Sünde sei, dieser Frau zuzusehen. Die Soldaten brachen in schallendes

Gelächter aus, und ich begriff, wie albern es wirken musste, dass ein Kanadier, der gerade erst einer Gruppe fanatischer Dschihadisten entkommen war, eine Regel der Salafisten wiederholte. Ich lachte ebenfalls, doch tief in mir spürte ich, dass mich diese acht Monate verändert hatten. Weit über einen Kommentar über Bauchtanz oder Zigaretten hinaus.

Irgendwann bot mir einer der Soldaten sein Handy an, damit ich meine Frau anrufen konnte. Ich konnte es kaum glauben. Meine Hände zitterten, als ich die Nummer wählte. Ich fühlte mich, als würde ich eine Frau anrufen, um sie um ein erstes Date zu bitten. Ich war aufgeregt, zutiefst dankbar, und ich wollte endlich die Stimme meiner Frau hören. Ihr sagen, dass nun alles vorbei sei und gut werden würde. Dass ich bald nach Hause kommen würde, zu ihr und zu den Kindern. Doch der Anruf ging nicht durch, kein Empfang. Meine Frau sollte mir später erzählen, dass sie die syrische Nummer auf ihrem Handy gesehen hatte, aber der Anruf abbrach, als sie ihn annahm – für sie zutiefst beunruhigend und für mich enttäuschend. Wie gern hätte ich meine Emotionen geteilt. Doch ich musste warten.

Nach dem Essen und Rauchen brachte man mich zu weiteren Militärcamps. Eines lag in der Nähe der Stadt Sasa, die während des Jom-Kippur-Krieges 1973 berühmt geworden war, als die Israelis bei ihrem Gegenschlag bis hierher kamen und der israelische General Mosche Dajan erklärte, man würde bald einen Kaffee auf dem Tahrir-Platz in Damaskus trinken. Vierzig Jahre später, kurz vor meiner Entführung, war ein militärischer Stützpunkt in der Nähe von Sasa von einem Selbstmordattentäter attackiert worden. Der Anschlag hatte direkt davor einen riesigen Krater hinterlassen und Löcher in die Baracken der Soldaten gerissen.

Abu Malek hatte mir einmal auf seinem Laptop das Video dieses Selbstmordanschlages gezeigt. Der Attentäter gehörte wie Abu Malek zu der Dschihadisten-Gruppe, die mich gefangen hielt, und man war sehr stolz auf den Anschlag. Mit fast schon kindlicher Freude guckte Abu Malek das Video an, völlig fasziniert. Dabei war es eigentlich überaus simpel gemacht. Zwei Männer saßen in einem Auto, nahezu komplett im Dunkeln, doch man konnte ihre Umrisse noch erkennen, wie auch die einiger Teile des Autoinnenraums. Auf einmal sah man durch die Windschutzscheibe, wie ein zweites Auto auftauchte. Erst waren es nur zwei schmale Lichter, die größer wurden. Nach wenigen Sekunden brach das Auto durch die Barrikaden in den Militärstützpunkt bei Sasa ein. Der Knall war ohrenbetäubend, selbst im Video noch, und die Explosion in der Form eines gewaltigen Pilzes optisch beeindruckend. Abu Malek und die anderen Dschihadisten konnten sich das Video tausendmal anschauen und dabei über das Opfer des Attentäters für die Sache des Islams und seine Belohnung im Jenseits als Märtyrer sprechen. Darüber, dass der Attentäter nun besonders nah bei Gott sei, über zweiundsiebzig Jungfrauen als Belohnung, über drei Flüsse, aus denen er angeblich im Jenseits trinken dürfe, voll von Wein, Milch und Honig. Sie wirkten dabei fast ein wenig wie Sportler, denen man vor einem großen Spiel Motivationsvideos mit Ansprachen und Szenen zeigt. Nur dass ihr Spiel tödlich war und ihre Motivation purer Hass und Fanatismus.

Daran muss ich denken, als wir uns Sasa und dem Stützpunkt nähern, und noch einmal, als ich von dem Geheimdienstler befragt werde. Er interessiert sich vor allem für das, was die Geiselnehmer gesagt und getan haben. Ich übertreibe nie, obwohl ich so viel durchgemacht, so viel gelitten, so viel Angst und manchmal auch Wut empfunden habe. Das hat nichts mit so etwas wie dem Stockholm-Syndrom zu tun, sondern damit, dass der eine oder andere so etwas wie Menschlichkeit gezeigt hat. Gerade diese kleinen Gesten im Kontext mit der Gewalt und Brutalität stehen dafür, dass auch diese Fanatiker Menschen sind und dieses Menschsein nicht komplett verloren haben. Ich wollte ihren blinden Hass nicht übernehmen. Ich habe mich nicht gegen die äußere Konversion wehren können. Aber eine Konversion weg von meinen Werten und meinem Wesen, das wollte ich nicht zulassen – und das ist mir wohl auch überwiegend gelungen. Nicht immer, das merke ich beim Schreiben dieser Zeilen. Manchmal spüre ich, wie verlockend der blinde Hass mit seiner Trunkenheit sein kann. Doch gerade wenn ich aus meinen Sätzen leise Anzeichen dafür lese, weiß ich, dass ich nicht so geworden bin. Denn ich lösche solche Sätze wieder. Meine Geiselnehmer haben ihren Hass fast nie gelöscht – und werden es vermutlich auch in Zukunft nicht tun. Ich fragte mich nicht nur einmal, wer hier eigentlich in Wahrheit der Gefangene war. Inzwischen scheint mir die Antwort klar.

Nach der Befragung durch den Geheimdienstoffizier bringt man mich in das nächste Büro, zu einem anderen General. Diesmal kein Alawit, sondern ein Sunnit. Trotzdem ist der General nicht auf die Seite der Rebellen gewechselt wie nicht wenige seiner Glaubensbrüder. Andere dagegen hatten sich den Rebellen angeschlossen, die im Westen zumeist als die Guten gesehen und gezeichnet werden. Nur wird dabei oft vergessen, dass viele Kämpfer der Rebellion ihre ideologischen Wurzeln im Wahabismus oder sogar bei Al-Qaida haben und das Schema »gute Rebellen« gegen »böse Regimesoldaten« der Realität nicht gerecht wird. So wie dieser General eben als Sunnit bei der Armee geblieben war – aus welchen Gründen auch immer, aus hehren oder vielleicht auch schlichtweg eigennützigen, das kann ich nicht beurteilen. Sicher aber ist der General, ein kräftiger Mann mit sorgfältig gestutztem Bart, kein strenggläubiger Muslim. Er bietet mir Zigaretten an und Arrak. Der General spricht etwas Englisch, George bleibt dennoch als Übersetzer dabei. Anders als beim ersten General drückt seine Körpersprache mehr Skepsis aus. Er verschränkt die Arme, runzelt ein paar Mal die Stirn oder fragt nach und wartet nach meiner Antwort eine ganze Weile und beobachtet mich. Allerdings bietet auch er mir etwas zu essen an, der Tradition des Eid al-Adha entsprechend. Diesmal ist es Schaf – das Tier, das Ibrahim opfern sollte, zu Ehren Allahs.

Ich sitze vor meinem Teller mit Ibrahims Opfer und starre darauf. Es ist ein Schafschädel, und ich beginne das Fleisch davon abzunagen. Nach einer gewissen Zeit unterbricht mich der General und fragt mich, weshalb ich nicht das Innere, das Hirn essen würde. Ich starre ihn erstaunt an. Das Hirn? Wieso? Und vor allem: Wie? Der General begreift, dass ich keine Ahnung habe, wie ich den Schädel öffnen soll. Er lässt mir helfen, und vor mir liegt eine graue, glibbrige Masse. Ich muss einen Löffel nehmen, um sie greifen zu können. Und so beginne ich langsam, das Hirn des Schafs zu essen, mit einigem Widerwillen und Grausen, aber ich will den General nicht beleidigen. Ich bin in seinen Händen und habe keine Ahnung, wie es weitergeht. Wenn es also mein Opfer sein soll, das Hirn des Opfers Ibrahims zu essen, dann sei es so.

Heute ist mir klar, dass man mir vermutlich eine Delikatesse anbot. Damals beginne ich nur den Geschmack und den Gedanken daran mit Arrak herunterzuspülen. Dabei beantworte ich weiter Fragen, unterbrochen nur von gegenseitigem Zuprosten und »Saha«-Rufen, was so viel bedeutet wie »Zum Wohle!« Weiter und weiter geht es, Zuprosten um Frage, Frage um Zuprosten, und irgendwann sage ich zu dem General: »Heute ist ein guter Tag für mich.« Der General nimmt einen Zug von seiner Zigarette, schaut mich mit weit geöffneten Augen an, lächelt und radebrecht: »Manche Tage sind gut, manche Tage sind schlecht.«

Manche Tage sind gut, manche Tage sind schlecht. Meinte der General, dass heute ein guter Tag sei und morgen ein schlechter kommen werde? Ein schlechter Tag in den Händen der syrischen Armee oder sogar des Mukhabarat, des Geheimdienstes, wäre ein sehr, sehr schlechter. Sie waren mindestens zu so schrecklichen Dingen in der Lage wie meine Entführer. Ich soll ja nach Damaskus gebracht werden – weiß er vielleicht schon, dass mich dort ein schlechter Tag oder sogar mehrere schlechte Tage erwarten? Bin ich der Hölle der Dschihadisten nur entkommen, um nun in der Hölle der syrischen Armee zu enden? Oder ist es am Ende nicht mehr als eine allgemeine Weisheit, die der General hat formulieren wollen? Den schalen Geschmack, den ich plötzlich in meinem Mund spüre, vertreiben keine Zigarette und auch kein Arrak mehr.

Der General und sein Spruch hängen noch immer wie ein Damoklesschwert über mir, als wir aufbrechen, nach Damaskus. Zwei Autos, allerdings nicht gepanzert, voll mit Soldaten. Bei beiden Autos lehnt auf jeder Seite ein Soldat mit dem gesamten Oberkörper aus dem Fenster, das Gewehr im Anschlag. Im Inneren haben auch alle ihre Kalaschnikow griffbereit und lassen die Mündungen aus dem Fenster ragen. Wir sehen aus wie eine moderne Wells-Fargo-Postkutsche aus dem Wilden Westen.

Sobald wir das Lager verlassen haben, beschleunigen die Fahrer auf ein halsbrecherisches Tempo. Wir nehmen auch nicht die Hauptroute nach Damaskus, sondern eine relativ neugebaute Straße. Hier können wir schneller rasen, es gibt weniger Checkpoints und Kurven und vor allem wenig Bauwerke oder andere Dinge am Rand, hinter denen Attentäter lauern könnten. Der Bürgerkrieg war damals bereits eskaliert und an einem Punkt angelangt, an dem Kriegsrecht oder bestimmte ethische Standards mit Stiefeln getreten worden waren. Die Männer um mich herum jedenfalls scheinen ihr Handwerk zu verstehen und wirken äußert konzentriert und äußerst einschüchternd. Oder eingeschüchtert?

Wir erreichen Damaskus, nehmen dort aber nicht den direkten Weg zum zentralen Tahrir-Platz, sondern biegen links ein auf einen Highway, der nördlich Richtung Homs führt. Der Highway ist konstruiert wie ein Ring rund um das Zentrum von Damaskus; die verschiedenen Nachbarviertel liegen auf der anderen Seite. Nach wenigen Minuten kommen wir am Sham City Centre vorbei, einem berühmten Einkaufszentrum. Dort hatte ich während meiner Zeit in Damaskus häufig meine kleinen Besorgungen erledigt. Eigentlich war es eher eine Mall für Besserverdienende, oft aus dem Westen; doch ich mochte vor allem die traditionellen Geschäfte und natürlich manchmal auch die importierten Waren, die mir ein Stück Westen hierher brachten. In diesem Augenblick erinnere ich mich besonders an einen Laden, in dem man viele verschiedene Sorten von Nüssen kaufen konnte. Der Besitzer ließ mich immer neue probieren und gab mir Tipps: Die meisten Syrer erlebte ich damals als ausgesprochen warmherzig, offen und gastfreundlich. Und ich hoffe nur, dass manches davon auch für die Soldaten der syrischen Armee gilt.

Weiter mit Vollgas über den Highway, bis in den Vorort Dscharamana, der aufgrund der vielen irakischen Flüchtlinge als »irakische Hauptstadt Syriens« gilt und in dem ein großes Flüchtlingslager früher Palästinenser aufgenommen hat. Wir machen hier einen U-Turn und wechseln die Straßenseite. Auf einmal sehe ich, wohin wir fahren: zum Hauptquartier des Militärischen Geheimdienstes. Eine schwer gesicherte Festung, um die sich zahlreiche dunkle Gerüchte und Legenden ranken und in die angeblich schon viele lebendig hineingegangen, aber weit weniger lebendig wieder herausgekommen sind. Mir schaudert. Und ich sehe zugleich mit Bewunderung, wie clever die Hindernisse und Schranken vor dem Eingangsbereich angebracht worden sind, um Selbstmordattentäter abzuhalten.

Die Eskorte bringt mich hinein, führt mich in den Aufzug, einige Stockwerke nach oben. Wieder lässt man mich warten, und wieder kommt ein Geheimdienstoffizier, um mich zu befragen. Ein schlanker Enddreißiger, allerdings schon fast kahl am Kopf, der mir einerseits unglaublich beschäftigt, aber auch sehr aufmerksam und intelligent vorkommt. Er bietet mir einen Platz an und, natürlich, eine Zigarette. Innerhalb eines Tages bin ich zum Raucher geworden. Rauchend erkläre ich erneut meine Geschichte, frage aber irgendwann zurück, wann ich meine Oberen bei der UN anrufen dürfe. Und wann meine Familie. Der Offizier lächelt und antwortet nur: »Shuaye, shuaye!« Das meint so viel wie: »Langsam, langsam – immer mit der Ruhe.« Dasselbe hatten meine Entführer immer zu mir gesagt, wenn ich sie gefragt hatte, wann sie mich entlassen würden. »Shuaye, shuaye!«

Klar, dass mich das nicht gerade ermutigt. Stimmen die Gerüchte über diesen Platz? Leider neige ich nicht nur zu einer sehr kreativen Vorstellungskraft, sondern bisweilen auch zu einer dunklen. Nur mühsam kann ich mich auf die Fragen meines Gegenübers konzentrieren. Es ist bereits Abend, und ich bin unfassbar müde. Ich kämpfe bald mehr gegen die Müdigkeit als gegen meine inneren Schreckensszenarien. Endlich führt man mich in einen Raum am Ende des Flurs, in dem ich schlafen darf. In dem Raum befindet sich nichts außer einem Doppelbett, einem kleinen Tisch und ein paar Stühlen. Kurze Zeit später kommt ein Soldat herein, um ebenfalls zu schlafen – oder, weitaus wahrscheinlicher, um mich zu bewachen. Ich wähle das untere Bett, obwohl mich diese Bettart an meine Pritsche in meiner Zelle in der ersten Villa erinnert und ich allein den Gedanken daran hasse. Egal. Ich falle fast sofort in einen tiefen Schlaf. Meinen ersten Schlaf in Freiheit seit acht Monaten. Zumindest in relativer Freiheit.

Ich habe vermutlich nicht sehr lange geschlafen, als mich der Soldat weckt. Er gibt mir Mezze und Hummus zu essen, ein sparsames Frühstück. Allerdings habe ich bei den verschiedenen Verhören so viel gegessen, dass ich noch immer ziemlich satt bin. Nach dem Essen sitze ich in dem Raum und warte auf das, was kommen wird. Das Einzige allerdings, was kommt, sind erneut die dunklen Gedanken. Ich kann die peinigende Vorstellung, schon wieder eine Geisel zu sein, nicht abschütteln. Ich versuche wieder einzuschlafen, doch das Licht ist an und der Soldat raucht. Ich döse etwas, schrecke auf, will den Soldaten fragen, wo die Toilette ist, doch der scheint irgendwie aus dem Raum verschwunden zu sein. Ich warte und warte, kann irgendwann nicht mehr und beschließe, das Bad zu suchen. Ich öffne die Tür, gehe einige Meter den Gang entlang, bis mich ein Soldat stoppt. Ich stammle nur »Hammam, Hammam«. Der Soldat versteht und bringt mich zu der Toilette, der widerlichsten Toilette, die ich je gesehen habe. Nirgendwo, nicht einmal in Afrika oder in anderen Kriegsgebieten, habe ich solch ein Drecksloch gesehen. Ich kann mich nicht entscheiden, was mich mehr anekelt: der Anblick oder der Gestank. Insekten, Kotrückstände, Urinflecken, Haare … und vieles mehr, was mir allein beim Schreiben den Magen umdreht. Nachdem ich fertig bin, fällt mein Blick zufällig auf den zersplitterten kleinen Spiegel an der Wand. Ich habe mich schon lange nicht mehr selbst gesehen. Schmal, dünn, abgekämpft und etwas fremd mit dem Bart wirke ich. Aber auch nicht zu fertig, überraschenderweise. Als ich aus der Toilette trete, wartet schon ein anderer Soldat davor. Ein Hüne, riesig und massig, mit leerem Blick. Er bringt mich ohne ein Wort zu sagen zurück zu meinem Raum – oder meiner Zelle? An diesem Punkt weiß ich wirklich nicht mehr, ob ich meine Flucht bereuen soll oder nicht. Der Geschmack von Freiheit, der zu Beginn noch so köstlich war, ist nicht mehr zu spüren.

Nach ungefähr zwei Stunden, oder zumindest einer Zeit, die mir wie zwei Stunden vorkommt, wird meine Tür geöffnet. Herein tritt der Geheimdienstoffizier, der mich schon in Sasa befragt und dabei sehr skeptisch gewirkt hatte. Er muss also ein Spezialist sein, wenn er hierher nach Damaskus gekommen ist. Jedenfalls wirkt er wie ein Mann, für den Verhöre zum Alltag gehören. Als ich auf seine sehnigen Hände und den kräftigen Körper blicke, kann ich mir vorstellen, dass nicht alle Verhöre nur so ablaufen wie meines. Und auch diesmal belässt es der Agent beim ständigen Nachbohren, was allerdings wesentlich dadurch erschwert wird, dass der Übersetzer selbst kaum Englisch spricht und ich mich ständig wiederholen muss. An manchen Stellen könnte es fast komisch wirken, unter anderen Umständen zumindest. Besonders hartnäckig will der Geheimdienstler wissen, ob ich nun für Kanada oder die UN arbeite. Ich erkläre, dass ich als Angestellter der UN nicht für eine nationale Regierung tätig sein darf, doch er kommt immer wieder auf diesen Punkt zurück. Mir wird langsam klar, dass er wissen will, ob ich ein Spion bin. Allerdings nicht mehr, wie vorher, für eine Dschihad-Gruppe, sondern ein Spion des Westens – in ihren Augen anscheinend nur bedingt ein Unterschied. Feind bleibt Feind.

Von dem einen Feind geht er dann zum anderen Feind über, genauer geht es nun um meine Beziehungen zu Israel. Israel ist bis heute für viele Syrer der Erzfeind. Es ist das einzige Land, in das ein Syrer nicht einreisen darf, und darauf wird sogar in den Pässen hingewiesen. Nach dem Jom-Kippur-Krieg 1973 wurde vielen in Syrien lebenden Juden angeboten, nach Israel auszuwandern. Für Juden wie für Christen ist Syrien allerdings ein Land mit uralten Wurzeln und Traditionen. Die Christen glauben daran, dass Saulus bei Damaskus zum Paulus wurde, und viele der ältesten Wüstenväter lehrten hier. Für Juden wiederum – und auch Christen – heißt es, dass in der Nähe der Stadt Kain seinen Bruder Abel erschlagen habe. Außerdem soll in der Gegend Abraham geboren und Mose gestorben sein; so zumindest behaupten das die Damaszener. Trotz dieser Bedeutung wanderten Tausende Juden 1973 und danach aus und hinterließen in Damaskus ganze Gassen, die bis heute unbewohnt sind und manchen Vierteln eine gespenstische Aura verleihen. Einige Juden sind aber geblieben, und ich erinnere mich an einen jüdischen

Laden, nicht weit von der prachtvollen Omayyadenmoschee beim berühmten Suq al-Hamidiya. Der Mann handelte mit Antiquitäten, jüdischen vor allem und sogar mit Paramenten mit dem »Magen David«, dem Davidstern.

Den Geheimdienstler, der mich befragt, kann ich mir weniger in diesem Geschäft vorstellen. Wieder und wieder fragt er mich nach Israel und ob ich schon einmal dort gewesen bin. War ich, sogar mehrmals. Als Tourist liebte ich es, im Österreichischen Hospiz mitten im muslimischen Viertel in der Altstadt von Jerusalem zu sein und K.-u.-K.-Charme weit weg von Wien zu erleben, ich liebte es, durch die engen Gassen zu laufen, mich von der Wucht der Geschichte treffen zu lassen. Beruflich war ich sogar noch öfter in Israel gewesen. Als ich für die UNDOF arbeitete, war das Teil meines Jobs, weil wir in den von Israel besetzten Teilen der Golanhöhen als militärische Beobachter eingesetzt wurden. Wir besaßen sogar das Privileg, von Syrien aus nach Israel einzureisen, durch ein spezielles Tor bei Quneitra. Etwa sechzig Kilometer südwestlich von Damaskus gelegen, war dieser Ort 1974 völlig zerstört worden, die mehr als 30 000 Bewohner hatte man vertrieben. Bis heute behaupten beide Seiten, die jeweils andere sei für die Auslöschung dieser Stadt verantwortlich. Die UN jedenfalls sieht die Schuld auf israelischer Seite. Diese Geisterstadt diente nun als Durchgang, wobei auf der einen Seite israelische Spezialkräfte, auf der anderen syrische Verbindungsoffiziere stationiert waren. Dazwischen ein Checkpoint der UNDOF, bei dem die Durchreisenden von Militärpolizisten kontrolliert wurden. Sie sollten unter anderem sicherstellen, dass keine jüdischen Schriften eingeschmuggelt wurden, das war verboten. Allerdings waren die Kontrollen auf allen Seiten eher, nun ja, flüchtig. Wir hatten gute Beziehungen aufgebaut, gerade zu den syrischen Verbindungsoffizieren. Umso mehr traf es mich, als die Al-Nusra-Front 2014 in der Provinz Quneitra eine Großoffensive startete, mehrere Städte und Stützpunkte überrannte und beim Vorrücken auf die Geisterstadt einen der Offiziere köpfte. Ich hatte ihn gekannt, und obwohl es nur eine flüchtige Bekanntschaft gewesen war, war es doch schmerzvoll. Ein Junge fast noch, nur aufgrund seiner Englischkenntnisse auf diesen Posten versetzt; wir hatten oft mit ihm und seinen Kameraden gescherzt. Geköpft von einer Gruppe Fanatiker, welche traurige Verschwendung von Leben!

Auf israelischer Seite dagegen waren auffallend viele Frauen; auffallend viele sehr hübsche Frauen. Welch ein Kontrast: Diese hübschen Frauen mit den bedrohlichen schweren Negev-NG7-Gewehren. Die UN-Mitarbeiter liebten es, mit ihnen zu schwatzen oder auch zu flirten. Manchmal dachte ich, dass die Israelis mit Absicht die schönsten Soldatinnen für diesen Job ausgewählt hatten. Eine ganz besondere Charmeoffensive für Grenzgänger aus Syrien.

Im Verhör erwähne ich das natürlich nicht. Vermutlich besser so. Auch so ist mein Befrager misstrauisch genug und versucht geradezu paranoid, eine Verschwörung aufzudecken. Ich als Kanadier, der Mossad und Al-Nusra: Das scheint in seinen Ohren ganz wie ein tödliches Komplott des Westens mit den Dschihadisten zu klingen. Irgendwann aber beendet der Offizier seine endlos kreisenden Fragen. Vielleicht, weil er von meiner Geschichte überzeugt ist, wahrscheinlich aber wohl eher, weil er merkt, dass er keine andere Version erhalten wird. Zumindest nicht mit dieser Art der Befragung.

Ich muss eine Abschrift meines Verhörs auf Arabisch, das mir der Dolmetscher mehr recht als schlecht ins Englische übersetzt hat, unterzeichnen. Der Inhalt stimmt, und so unterschreibe ich. Eine Kopie erhalte ich allerdings nicht, natürlich nicht. Ich frage jedoch noch, wann ich nun entlassen werde. Der Mann antwortete nur: »Shuaye, shuaye!«

Als man mich endlich in Ruhe lässt, ist es schon nach Mitternacht. Und noch immer ist der Tag nicht zu Ende – irre, was in nur einem Tag geschehen war. Genug für ein gesamtes Leben, wenn man denn so ein Leben führen will. Ich will nur schlafen, aber meine Gedanken rasen, schneller noch als der Wagen vorhin auf dem Highway. Und ich stolpere und ruckle immer wieder über Unstimmigkeiten, Ängste, Befürchtungen, mehr noch als auf der schlimmsten Sandpiste draußen in der Wüste. Dazu das Schnarchen des Soldaten in meinem Raum und die ständigen Gewehrsalven, Raketeneinschläge und Sirenen draußen in der Stadt. Irgendwann falle ich trotz allem in Schlaf. Nicht lange allerdings, bereits bei Sonnenaufgang weckt mich wieder der Gedankenbienenkorb in meinem Kopf. Noch einmal einschlafen? Keine Chance! Ich versuche es irgendwann nicht einmal mehr, sondern beginne, durch das kleine Fenster Damaskus beim Aufwachen zuzusehen, oder zumindest dem Teil, den ich erkennen kann. Was ich vor allem sehe, sind Rauchsäulen, die in den Himmel ragen.

Das Frühstück kommt und direkt danach, viel wichtiger, die Nachricht über meine weitere Zukunft. Und obwohl erneut in radebrechendem Englisch überbracht, kapiere ich sie sofort: Man wird mich entlassen. Heute noch.

Gegen Mittag bringt man mir frische Klamotten und Schuhe und einen neuen Gürtel. Ich werde nie vergessen, wie diese Sache aussahen: die Schuhe zu klein, die Hose etwas zu kurz und eine Weste von Benetton. In die Schuhe komme ich nicht hinein, der Rest passt. Ich wundere mich, weshalb man so nett zu mir ist. Bald werde ich den Grund dafür erfahren.

Endlich ist er da, der große Moment meiner Entlassung. Endlich, so denke ich, werde ich wieder frei sein. Werde meine Familie anrufen und bald sehen können. Oder? Wieder kommt ein Geheimdienstoffizier, derjenige, der mich zuerst hier verhört hat. Und mit ihm ein Trupp Soldaten, schwer bewaffnet. Es geht mit dem Aufzug hinab und raus durch den Haupteingang. Dort schnell hinein in die bereitstehenden Wagen. Ich hinten, der zweite Geheimagent von gestern direkt neben mir. Los geht es, wieder auf den Highway von gestern. Mit Blaulicht auf dem Dach und vor und hinter uns zwei Geleitwagen. Wieder rasen wir mit Vollgas über den Highway, alle anderen Autos weichen fast panisch aus, unsere Eskorte kümmert sich aber nicht darum. Am Ende dieser rasenden Hatz kommt das elegante Gebäude des syrischen Außenministeriums im Stadtviertel Kafar Sousa in Sicht. Mein Puls rast, schneller noch als unser Wagen. Außenministerium? Man wird mich also wirklich freilassen? Unsere Eskorte bremst, und wir fahren durch die Sicherheitsbarrieren bis vor den Eingang. Dort wartet Wassim Kheir Beik, der höchste UN-Zivilist in Syrien. Ich steige aus und beginne Hände zu schütteln. Viele Hände, als ob ich ein Promi wäre. Danach werden Kheir Beik und ich zu Faisal al-Miqdad gebracht, dem stellvertretenden Außenminister. Der Minister gratuliert mir und sagt, wie froh er doch sei. Als ob ich einen wichtigen Wettkampf gewonnen oder ein lukratives Geschäft abgeschlossen hätte. Und er fragt mich direkt, ob ich bereit sei, vor die Presse zu treten. Ich hätte vermutlich ablehnen sollen. Doch ich bin blind vor Seligkeit und stimme zu. Wenig später stehe ich dort, und plötzlich begreife ich, weshalb man mir die neuen Klamotten gegeben hat. Das Regime präsentiert mich als Trophäe, und die Trophäe soll so gut wie möglich aussehen. Schließlich will man doch seine Gutherzigkeit beweisen. Und so wird meine Übergabe an die Vereinten Nationen zu einer Art Zeremonie, bei der sich Kheir Beik und al-Miqdad die Hände schütteln und sich zu der hervorragenden Arbeit beglückwünschen, die man doch geleistet habe. Ich stehe da und lasse das über mich ergehen. Es ist eine absurde Szene, aber auch nicht absurder als vieles andere in den letzten acht Monaten. Und bei weitem nicht so absurd wie die Vorstellung, dass ich vor nicht einmal achtundvierzig Stunden noch bei einem Gebet gesessen habe. Einem Gebet mit Dschihadisten, die mich eingekerkert und zum Islam gezwungen hatten.

Nach Hause

»Zuhause ist, wo dein Herz ist.«

Ich hatte es immer geliebt, nach Hause zu fliegen. 1997 war ich das erste Mal in Bosnien eingesetzt worden, und seitdem war das Reisen eine Konstante meines Lebens. Das Heimfliegen war dabei immer etwas ganz Spezielles. Eine besondere Freude und ein Gefühl, das ich nur schwer beschreiben kann. Und so war meine größte Angst während meiner Geiselhaft, dass ich nie mehr dieses Gefühl erleben würde. Dass ich nie mehr meine Frau und meine Kinder sehen könnte. 2006 war ich für ein Jahr zu Hause geblieben. Ich musste Abstand von der Arbeit gewinnen und wieder Energie tanken. Und ich wollte Zeit mit meinem Sohn verbringen, damals noch ein Kleinkind. Dieses eine Jahr ist bis heute für uns unglaublich kostbar. In dieser Zeit wurde zwischen meinem Sohn und mir ein Band geknüpft, das uns auf eine ganz besondere Weise verbindet. Während meiner Monate in der Zelle erinnerte ich mich immer wieder an unsere gemeinsamen Spaziergänge und Entdeckungsreisen durch Wien, an unsere Eisessen-Feste am berühmten Eissalon am Schwedenplatz. Wenn es wirklich stimmt, dass man kurz vor dem Tod noch einmal sein ganzes Leben wie in einem Film an sich vorbeiziehen sieht, dann sind es diese zarten Momente, die ich mir am liebsten wieder und wieder ansehen möchte. Und ich wünsche mir nur, dass meine Kinder mich genug lieben, um mir an meinem Sterbebett die Hand zu halten. Der Gedanke, allein und ohne meine Familie zu sterben, irgendwo in Syrien, war quälender als alle Verhöre zusammen.

Jetzt war diese Angst verschwunden und das Gefühl des Heimkommens da, so stark wie wohl nie zuvor. Ich war am

Flughafen in Beirut angekommen und voller Euphorie. Ich habe ein PTG, ein sogenanntes posttraumatisches Wachstum. Das ist eine positive Traumafolge, die sich darin ausdrückt, dass man das Leben nach einem traumatisierenden Erlebnis insgesamt als sinnvoller, intensiver, schöner erlebt. Man weiß das Leben mehr zu schätzen, auch kleine Dinge, und man erlebt oft auch längere Phasen sehr starker Euphorie. Um ehrlich zu sein, haben sich seit meiner Entführung auch Symptome des posttraumatischen Stress-Syndroms eingestellt. Doch damals in Beirut überwogen die positiven Symptome des PTG. Ich wurde von einem Arbeitskollegen begleitet, außerdem hatte die Kanadische Botschaft jemanden für die offizielle Verabschiedung geschickt, die Botschafterin war unterwegs. Es blieb mir noch ein wenig Zeit, und deshalb tat ich etwas, was ich liebe, und was ich so lange nicht mehr gemacht hatte: Ich kaufte ein. Spielzeug für die Kinder, kleine Geschenke für meine Verwandten und natürlich für meine Frau. Schließlich suchte ich nach einer Flasche des teuersten Champagners, mit dem ich zu Hause auf meine Freiheit anstoßen und feiern wollte, es wurde eine Flasche Bollinger. Unglaublich, wie viel Spaß das alles machte. Diese kleinen, unwichtigen Dinge, von denen ich gar nicht gewusst hatte, wie sehr ich sie vermisste, und die so selbstverständlich für uns sind.

Ich hielt die Flasche Champagner in der Hand und es fühlte sich einfach nur merkwürdig an. Vor zwei Tagen war ich am Morgen noch aufgewacht und hatte mit Leuten gebetet, die Alkohol verteufelten. Jetzt stand ich hier in Beirut und hatte Champagner für mehr als einhundert Dollar gekauft. Und zuvor noch eine ganze Reihe anderer Dinge erlebt, die schwer begreifbar waren und es zum Teil bis heute sind.

Schon die offizielle Pressekonferenz war so eine surreale Erfahrung. Händeschütteln mit dem Vizeaußenminister im kleinen, sonnendurchfluteten Salon des Ministeriums. Im Hintergrund ein großes Bild von Baschar al-Assad, der uns Big-Brother-like zu beobachten schien. Der Minister gab ein paar Floskeln von sich und stellte irgendwann fest, dass die Regierung alle Möglichkeiten ausgeschöpft und alles versucht habe, um mich aus den Händen meiner Kidnapper zu befreien. Ich machte gute oder wohl eher unbewegte Miene zum verlogenen Spiel und fragte mich nur still: Von welchen Möglichkeiten spricht er? Einer meiner Geiselnehmer hatte mir erzählt, dass die Regierung sich geweigert habe, im Austausch für mich Gefangene freizulassen. Das war keine generelle Haltung, denn die einundzwanzig philippinischen Peacekeeper, die die Yarmouk-Märtyrer-Brigade im März 2013 entführt hatte, waren ausgetauscht worden. Warum also nicht in meinem Fall? Eine Antwort darauf habe ich bis heute nicht erhalten.

Dafür erhielten die Pressevertreter eine Reihe von Antworten – auf naheliegende Fragen: Wie hatte ich mich befreien können? Wer waren meine Geiselnehmer und woher stammten sie? Direkt nach der Konferenz durfte ich den Salon verlassen, ein Nissan Patrol mit dem UN-Logo wartete schon auf mich. Darin, zu meiner großen Überraschung, Denis, ein Kollege von mir. Außerdem Jose, ein UN Security Investigator, der während meiner Gefangenschaft zur UN gekommen war, wie ich später erfahren sollte. Ich fühlte mich erleichtert, entspannt und vor allem sicher. Nach acht Monaten waren sie die ersten bekannten Gesichter, die zu sehen mich wirklich glücklich machte. Denis hatte ein Buch von Dan Brown dabei, mit einer Widmung für mich. Wir hatten darüber kurz vor meiner Entführung gesprochen, ich hatte es mir kaufen wollen. Denis gab es mir, und bis heute ist es eine wichtige Erinnerung für mich an diese Tage damals, an meine Auferstehung. Der Titel des Buches: »Inferno«.

Je länger die Fahrt dauerte, desto ruhiger und entspannter wurde ich. Ich hatte Damaskus seit meiner Geiselnahme nicht mehr bei Tageslicht gesehen. Ich fühlte mich wie auf einer Insel des Friedens, und das, obwohl der Krieg sichtbar und hörbar war. Einige der Viertel, sogar nahe dem Stadtzentrum, wurden von den Aufständischen kontrolliert, Gewehrsalven waren ständig zu hören, Regime und Rebellen waren beide ständig auf dem Vormarsch oder Rückzug. Und trotzdem: Während wir über die Mezzeh-Autobahn fuhren, eine breite Straße vom Anfang von Damaskus City bis zum Omayyaden-Platz, genoss ich diese Minuten in vollen Zügen.

Wir kamen schließlich in einem UN-Büro im Stadtviertel Mezzeh an, stiegen aus dem Auto, öffneten die Tür, und ich fühlte mich, als würde ich zu meiner Familie zurückkehren, zu meiner Arbeitsfamilie. Bei meiner Arbeit und auch aufseiten meines Arbeitgebers sehe ich viele Dinge kritisch. Aber in diesem Augenblick war das alles in den Hintergrund gerückt. Ich kam mir vor, als wäre ich bereits weg aus Syrien, als lägen die Entführung, die Konversion, die Flucht weit zurück. Das sollte sich später ändern, aber jetzt war das erst einmal weit, weit von mir entfernt. Ich dachte für einen Augenblick nicht mehr daran, dass ich für einen Krieg verantwortlich gemacht worden war, der nicht mein Krieg war. Dass ich gefangengenommen worden war, weil ich Westler und Christ und in Augen der Fanatiker ein Kafir war, ein Ungläubiger und Frevler.

Nach einiger Zeit im UN-Büro fuhren wie weiter, Richtung Umayyaden-Platz. Dort liegt das Sheraton-Hotel, in dem ich 2010 schon einmal gewohnt hatte, als ich anfing, in Damaskus zu arbeiten und bevor ich mein Apartment bezog. Man brachte mich zu Mokhtar Lamani. Er war der Bürochef von Lakhdar Brahimi, dem Sondergesandten der UN und der Arabischen Liga für Syrien. Die beiden und ihr Team sollten zwischen den Fronten vermitteln, nachdem 2012 Kofi Annan diesen Job niedergelegt und erklärt hatte, diese Aufgabe sei eine »mission impossible«. Danach hatten Brahimi und Lamani übernommen, allerdings ebenfalls mit bescheidenem Erfolg.

Lamani war ein echter Gentleman. Formvollendet empfing er mich in seinem Büro, das sich über ein ganzes Stockwerk erstreckte. Er bat mich auf ein Sofa, und wir begannen, uns zu unterhalten. Auf Französisch, denn Lamani stammt, wie auch ich, aus Montreal und war von kanadisch-marokkanischer Abstammung. Nach einigen Sätzen meinte Lamani, es sei nun wirklich an der Zeit für mich, meine Angehörigen anzurufen – wenn ich denn wollte. Welch eine Frage! Mein Herz klopfte fast genauso schnell und stark wie vor zwei Tagen auf der Flucht, als ich zum Hörer griff und meine Frau anrief. Ich hatte seit Juni nicht mehr mit ihr gesprochen. Ihre Stimme zu hören, war ein unbeschreibliches Gefühl. Mit brechender Stimme sagte ich ihr, dass nun alles gut werden und ich endlich heimkehren würde. Und als sie mich kurz die Stimme meines jüngsten Sohnes hören ließ, stiegen die Tränen in mir auf. Vergessen die Angst, allein, verlassen und in der Fremde ohne meine Familie zu sterben.

Meine Zeit mit Lamani war um, und ich durfte auf mein Hotelzimmer. Christian, ein enger Freund, war gekommen, um mir Gesellschaft zu leisten. Zum ersten Mal konnte ich jemandem etwas erzählen, nicht nur berichten. Nicht nur Fakten wiedergeben, sondern auch Gefühle. Erleichternd! Die Zeit verging rasend schnell, und Christian fragte mich, was ich zu Abend essen wolle. Diese Frage hatte ich lange nicht mehr gehört. Sich ein Abendessen auszusuchen und nicht einfach vorgesetzt zu bekommen, das kam mir plötzlich wie ein Privileg vor. Ich musste nicht lange nachdenken. Wir bestellten flambiertes Pfeffersteak und eine Flasche libanesischen Wein, einen Château Ksara Réserve du Couvent. Jeder Bissen des Steaks mit der dicken Cognac-Pfeffer-Sauce war göttlich. Die dunkle Farbe der Sauce, das rot-purpurfarbene Fleisch, der volle Wein: wie im Paradies. Und welch ein Kontrast zu der Leib- und Sinnenfeindlichkeit der fanatischen Dschihadisten, die mich acht Monate lang gefangen gehalten hatten.

Etwas später wurde mir eine Nachricht überbracht. Ich sollte bitte bis Mitternacht warten, dann würde mich Ban Ki-Moon anrufen. Der UNO-Generalsekretär höchstpersönlich? Ich wurde etwas nervös. Der Mann hatte sicher Wichtigeres zu tun, als ein Schwätzchen mit mir zu halten. Ich begann fieberhaft nach Worten zu kramen und zu überlegen, was ich ihm denn erzählen konnte und sollte. Exakt um Mitternacht läutete das Telefon. Wie in einem Horrorfilm, es war fast etwas gruselig. Ich starrte auf das Telefon und nahm endlich ab. Ich hörte die Stimme des Generalsekretärs mir zu meiner Flucht gratulieren und sagen, wie glücklich die gesamte Organisation sei, mich gesund zurück zu haben. Nun war ich wohl an der Reihe, etwas zu sagen, und ich begann über Malala Yousafzai zu reden, die junge Pakistanerin, die im Oktober 2012 von den Taliban beinahe ermordet worden war. In Gefangenschaft hatte ich ihren Auftritt vor der UN-Youth-Assembly gesehen, ihren furchtlosen Einsatz für

Frauenrechte. Ich drückte meine Bewunderung für sie aus – und fragte mich, wieso ich Ban Ki-Moon das alles erzählte und was es mit mir zu tun hatte. Offen gestanden, weiß ich das bis heute nicht, und ich hoffe, es wirkte für ihn nicht zu sehr aus dem Zusammenhang gerissen. Der Generalsekretär ließ sich jedenfalls nichts anmerken und schloss das Gespräch mit dem Versprechen, dass man mir einen anderen Job innerhalb der Organisation anbieten würde. Christian blieb für die Zeit des Anrufs und verabschiedete sich dann. Ich blickte das Bett an, es schien mich magisch anzuziehen. Ich war so fertig, und die Erschöpfung steckte tief in jeder Faser meines Körpers und in jeder Schicht meines Hirns. Vor vierzig Stunden hatte meine Flucht begonnen, und nun würde ich mich in ein weiches, warmes Bett in einem schönen Hotel legen. Ich schlief sofort ein, schlief tief und lang.

Der nächste Tag war gekommen und damit der Tag meiner Abreise nach Beirut. Mir blieben noch einige Stunden, und ich genoss zunächst das Frühstück und dann das Hotel und seinen Komfort. Ich ging zum Pool und erinnerte mich an die wundervollen Stunden, die ich dort mit der Frau verbracht hatte, mit der ich heute verheiratet war. Und die ich bald, sehr bald wiedersehen würde.

Nach Beirut wurde ich von einer schwer bewaffneten Eskorte mit indischen Soldaten gebracht. Ich hatte darum gebeten, aus Angst vor einem weiteren Überfall. Unsere Route würde durch die Bekaa-Ebene führen, wo syrische Islamisten der Al-Nusra-Front immer wieder eingefallen waren, zuletzt auch ISIS-Horden. Ich wusste außerdem, dass einige der syrischen Flüchtlinge im Libanon zu Al-Nusra gehörten. Abu Jaafar, einer meiner Kidnapper, war beispielsweise im August 2013 im Libanon gewesen, und im ganzen Land waren solche

Kämpfer unterwegs. Der Gedanke daran, ihnen in die Hände zu fallen und auf dem Weg von Damaskus nach Beirut noch einmal gekidnapped zu werden, war unerträglich. In so einem Fall wäre ich ohne Zweifel lieber gestorben. Ich hatte sogar nach einer Waffe gefragt, doch die UN-Regeln erlauben einem Zivilisten keinen Waffenbesitz. Für Entführungen gab es eine Karte, auf der die UN bestimmte Verhaltensweisen empfahl. Ich würde keine einzige davon beachten. Schon gar nicht den Ratschlag, in den ersten 45 Minuten besonders unterwürfig zu sein. Nie wieder.

Ich hatte die gesamte Zeit über ein mulmiges Gefühl; es sollte sich erst legen, als wir schließlich am Rafiq-Hariri-Flughafen angekommen waren. Es kam dort zu einem kurzen Treffen mit zwei UN-Unterhändlern, die schonend mit mir umgingen und mir ihre Fragen stellten, mich aber nicht zu sehr bedrängten. Es ging vor allem darum, wo ich gefangen gehalten worden war. Ich erzählte ihnen, dass ich nach Khan Al-Shih verschleppt worden war. Einer der beiden Unterhändler, ein Ägypter, der jetzt die Befragung durchführte, schien verdutzt. Er zeigte mir ein großes Flipchart, auf dem man Khan Al-Shih und ein großes Fragezeichen geschrieben hatte – mein Aufenthaltsort war also bis zu meiner Flucht reine Spekulation, jede Hoffnung auf eine gewaltsame Befreiung war also vergebens gewesen. Niemand hatte gewusst, wo ich war. Eine Erkenntnis wie ein Schlag in die Magengrube.

Meine Niedergeschlagenheit legte sich erst, als ich die kleinen Shopping-Freuden kostete. Man hatte mir das Geld, das ich während meiner Gefangenschaft weiter verdient hatte, übergeben. Ich konnte mir in diesem Augenblick nichts Schöneres vorstellen, als damit Dinge für meine Lieben zu kaufen.

Wie gesagt: Mit der Flasche Champagner in der Hand wurde mir klar, wie selbstverständlich dieser ganze Konsum für uns war und wie surreal diese Situation, so wenige Stunden nach meiner Flucht. Irgendwie schienen mir diese zwei zurückliegenden Tage wie ein Symbol, eine überspitzte Komprimierung von Leben. Das Leben ist eine Aneinanderreihung von Auf und Ab, von Überraschungen und Erwartbarem. In diesen zwei Tagen hatte ich die Wellenbewegungen des Lebens erfahren, nur höher und tiefer. Ich ahnte – und diese Ahnung ist heute zu einer Gewissheit geworden –, dass meine Gefangenschaft nur ein Zwischenspiel, ein grausames freilich, gewesen war. Ehrlich gesagt, ich bin nicht einmal sicher, ob ich traurig sein soll über diese Episode im Film meines Lebens. Denn sie hat mich gelehrt, bestimmte Folgen und Sequenzen dieses Films in Zeitlupe und andere im Zeitraffer zu erleben. Ich bin neunundvierzig und habe noch viele Jahre vor mir. Und ich bin sicher, dass die tragischen Momente meiner Geiselhaft auch ein Gutes haben. Ich fühle, dass diese acht Monate in Syrien geholfen haben, mich zu verändern und einige alte und schlechte Gewohnheiten abzustreifen – wie ein Reptil seine alte Haut.

Mit dieser Ahnung ging es schließlich zum Gate und endlich ins Flugzeug. Ein Kollege war mit dabei, von dem ich glaubte, dass wir so etwas wie befreundet waren und der mich bis nach Wien begleitete. Er fragte mich viel, wollte alles wissen, am besten so detailliert wie möglich. Später in Wien blieb er im Apartment meines ältesten Sohnes. Als ich ihn treffen wollte, lehnte er ab, er müsse einen Report schreiben. Nach dem Wochenende in Wien sollte ich nie mehr von ihm hören. Erst als ich ihn bat, einige meiner persönlichen Habseligkeiten aus Camp Faouar nach Wien zu schicken, antwortete er mir. Er habe keine Zeit und überhaupt sollte ich mich an jemanden anderen in dieser Angelegenheit wenden. Ich begriff, weshalb er mich nach Wien begleitet hatte: wegen des Reports, der ins Hauptquartier nach New York geschickt wurde. Und nicht, weil er mir als Freund beistehen wollte.

Während des Fluges ahnte ich das freilich noch nicht. Ich saß am Gang. Perfekt, denn ich hasse Mittelsitze. Ich fühlte die Euphorie meines PTG aufsteigen, fühlte sie groß und mächtig und immer mächtiger werden, je kleiner der Abstand zu Wien wurde. Und fast übermenschlich groß, als wir endlich im Sinkflug auf die Stadt zuhielten. Draußen war es bereits dunkel geworden, der Abend brach herein. Ich war wie in Trance und nahm alles gedämpft und wie durch einen der dicken Teppiche in der Villa meiner Geiselnehmer wahr: die Eskorte der kanadischen Botschaft, die mich durch einen Hinterausgang schleuste, um Papparazzi zu entgehen. Die Fahrt durch die Stadt, die ich so liebe und die für mich eine wundervolle Lebensqualität bedeutet, in diesem Moment sogar noch viel mehr als zuvor. Die altbekannten Straßenszenen, die ich so lange nicht gesehen hatte und die vertraut wirkten und zugleich so, als würde ich sie zum ersten Mal erblicken. Schließlich das Einbiegen in meine Straße und das Aussteigen aus dem Wagen. Da stand ich, wenige Meter von meiner Wohnung entfernt und von den Menschen, die ich vermisst hatte und die mich vermisst hatten, die ich liebte und die mich liebten, die mein Leben sind. Ich zögerte kurz, atmete tief ein. Ich fragte meinen Begleiter von der Botschaft, ob er mit reinkommen wolle. Und dann ging ich auf die Tür zu und klingelte.

Die Tür öffnete sich sofort, und wenige Schritte später stand ich vor meiner Mutter. Mein Stiefvater war auch da, ebenso mein ältester Sohn und seine Mutter. Ich verspürte unendlich viel Glück, Zufriedenheit und Dankbarkeit Gott gegenüber. Ich dankte im Stillen dem Erzengel, der mich beschützt haben musste, dankte für die Chance weiterzuleben. Fünfzehn Minuten später klingelte es erneut, und meine Frau mit meinem jüngsten Kind war da. Sie lebte einige Straßen weiter, und nun konnte ich sie endlich in die Arme schließen. Ich war überfordert von meinen Gefühlen und begriff, dass wohl niemand die gesamte Intensität eines solchen Augenblicks aufnehmen kann. Es ist, als würde man versuchen, alle Tropfen eines warmen Sommerregens mit dem geöffneten Mund aufzufangen, die Augen geschlossen, bis man nur noch in dem Augenblick lebt und mit den Tropfen und dem Wasser eins wird. Ich war zurück. Zurück in Wien, zurück bei meiner Familie, zurück im Leben. In einem Leben, das nie mehr so sein würde wie vorher – wofür ich manchmal heute noch dankbar bin.

Vor Gericht

»Der Arm des Gesetzes ist lang.«

Drei Monate nach meinem ersten Wiedersehen mit einem meiner Entführer erscheine ich zum neunten Mal vor dem Oberlandesgericht in Stammheim. Es ist der 5. Mai, und mein Anwalt Mohammed Khubaib-Ali sagt mir, er sei inzwischen überzeugt, dass Suliman Al-S., der Mann, den ich nur als Abu Adam kenne, überführt und verurteilt wird. Natürlich, zu einhundert Prozent sicher kann man nicht sein, nicht vor dem endgültigen Urteilsspruch. Die Beweislast liegt auf der Anklageseite und ist in diesem Fall nicht ganz einfach. Die deutschen Gesetze, so scheint es mir, sind dabei sehr sorgfältig und nehmen es mit der Unschuldsvermutung sehr genau, was ich begrüße. Selbst wenn es mich Nerven, Geduld und Kraft kostet. Doch an diesem 5. Mai ist sich mein Anwalt sicher: Abu Adam wird seine gerechte Strafe bekommen.

Für mich ist diese Einschätzung eine unglaubliche Erleichterung, denn es war ein harter Kampf gewesen, eine große Belastung. Schon bei der ersten Anhörung hatten die Verteidiger geschrien, dass sie meine Zeugenaussage auseinandernehmen würden. Grundlage für sie war ein interner Untersuchungsreport der UN, der dem Gericht übergeben worden war. Aus diesem schlossen die Verteidiger, dass ich nicht die Wahrheit gesagt hätte, dass ich ein Lügner sei. Tatsächlich wälzte dieser Bericht alle Schuld auf mich ab und enthielt die Behauptung, ich hätte die UN bei meiner Befragung nicht richtig informiert. Diese Befragung hatte wenige Wochen nach meiner Flucht stattgefunden, die UN wollte die Umstände meiner Entführung untersuchen. Dabei kam man zu dem Ergebnis, dass die Verantwortlichen für meine Mission auf den Golanhöhen nicht ausreichend wirksame und genügend Sicherheitsvorkehrungen für solch eine Fahrt nach Damaskus getroffen hatten, um eine Entführung zu verhindern. Nichtsdestotrotz müsse ich die Alleinschuld an dem tragen, was passiert war. Es stimmt sogar, dass ich einige Anweisungen für Fahrten durch Syrien nicht genug beachtet hatte. Allerdings ist es völlig falsch, dass ich die UN nicht richtig informiert hätte und dass die Verantwortung für meine Entführung und alles allein bei mir läge. Diese Untersuchung und der anschließende Bericht waren aus meiner Sicht einzig dafür gemacht worden, um mich zu diskreditieren und die UN und ihre Verantwortlichen reinzuwaschen. Ich hätte ihnen gerne als Antwort die berühmte Stelle aus Leo Tolstois »Krieg und Frieden« zitiert: »Wenn der Apfel reif geworden ist und fällt, warum fällt er? Weil er von der Erde angezogen wird? Weil sein Stengel dürr geworden ist? Weil sein Fleisch von der Sonne getrocknet ist? Weil er zu schwer geworden ist? Weil der Wind ihn schüttelt? Oder weil der unten stehende Knabe ihn essen möchte? Nichts davon ist die Ursache, sondern alles zusammen.«

Schon die Zusammensetzung der Untersuchungskommission war mir merkwürdig vorgekommen. Man hatte Leute ausgesucht, die mir dafür wenig geeignet schienen, sie hatten zum Beispiel zum Teil keinen juristischen oder investigativen Hintergrund, und die ganze Truppe wirkte seltsam zusammengewürfelt. Auch verstehe ich bis heute nicht, weshalb die UN, mein Arbeitgeber, einen internen Bericht an das Gericht weiterleiteten und damit der Verteidigung Munition gegen jemanden gaben, der seit langem für sie arbeitete. Meine eigene »Firma« gab jemandem Mittel zur Verteidigung, der an einem der Ihren Verbrechen begangen hatte, schwere Verbrechen, und der Mitglied einer Gruppe war oder ist, die eng mit Al-Qaida verbandelt ist. Bis heute habe ich auf diese Fragen keine Antworten erhalten, sondern bin auf dunkelste Spekulationen angewiesen. Bis heute hat man mir von Seiten meines Arbeitgebers in dieser Hinsicht keine zufriedenstellende Antwort gegeben, im Prinzip gar keine Antwort. Auch das Gericht hatte Anfragen, zum Beispiel nach Akten zu meiner Entführung oder auch nach den Videos, die meine Entführer gedreht hatten, doch die UN rückten nichts heraus. Die kanadischen Behörden mauerten ebenfalls und wollten keinerlei Zugang zu den Informationen geben, die man während der Verhandlungen von den UN erhalten hatte; man berief sich auf ein vertrauliches Abkommen mit den UN.

Für mich hatte dieser Report schwerwiegende Folgen. Die Verteidigung baute ihre gesamte Strategie darauf auf, mich zu diskreditieren. Ich war Dreh- und Angelpunkt als Hauptbelastungszeuge und der Einzige, der den Angeklagten als Dschihad-Kämpfer gesehen und erlebt hatte. Für mich wurde der Prozess dadurch ein Kampf um meine eigene Glaubwürdigkeit. Das war nicht einfach zu ertragen. Obwohl ich in Kanada Anwalt gewesen war und dann als Jurist für internationale Organisationen gearbeitet hatte, hatte ich noch nie in eigener Sache als Zeuge ausgesagt. Es war ein völlig neues Gefühl und kein gutes. Ich begann mich zu fragen, wer hier denn eigentlich der Angeklagte war.

Natürlich war das nur ein Eindruck, doch nach so vielen Stunden voller Fragen und Antworten, voller Andeutungen und rhetorischer Finten hatte ich wirklich das Gefühl, dass nicht Abu Adam auf der Anklagebank saß, sondern ich. Ich musste alle Kraft zusammennehmen, um mir bewusst zu machen, dass das Teil eines ganz normalen Prozessvorgangs war, und ich war sehr dankbar, dass mein Anwalt mich dabei klug und tatkräftig unterstützte. Das war auch nötig, denn mit besagtem UN-Report im Hinterkopf begannen die fünf Richter – ein sechster stand für den Fall parat, dass einer der Richter nicht bis zum Schluss würde mitwirken können –, mich intensiv mit herausfordernden und pointierten Fragen zu »grillen«, die allerdings letztendlich dem eigentlichen Fall wenig dienlich waren oder ihm sogar eher zuwiderliefen.

Die Verteidiger schlossen sich an und versuchten zuerst einmal, mir zu unterstellen, ich hätte ihren Mandanten gar nicht richtig als einen der Täter identifiziert, denen ich während des Kidnappings oder meiner Gefangenschaft begegnet war. Irgendwann verstiegen sie sich sogar zu der Behauptung, ich hätte die gesamte Geschichte meiner Entführung nur erfunden, nichts von dem sei jemals geschehen. Das Ganze war absurd, aber irgendwie auch faszinierend: als ob ich ein brillantes, aber krankes Genie wäre, das keine Lust mehr auf seinen Job hatte, sich an seinem Arbeitgeber und seiner Familie rächen und sich vor allem bereichern will. Sie fragten mich, ob ich nach meiner Gefangenschaft bestimmte Bücher gelesen hätte, zum Beispiel ein Buch des ehemaligen kanadischen Diplomaten Robert Fowler, der über seine Geiselhaft bei Al-Qaida geschrieben hatte, nachdem er zusammen mit Louis Guay verschleppt worden war, ein Kanadier aus der Provinz Quebec wie ich. Die Absicht dahinter war klar: Sie wollten zeigen, dass ich meine Berichte abgekupfert hatte. Nun, natürlich hatte ich das Buch gelesen. Deshalb bohrten die Verteidiger weiter, ob ich denn noch andere Storys über Entführungen kannte. Natürlich kannte ich welche, um genau zu sein drei, und ich konnte den Inhalt präzise wiedergeben. Klar, ich hätte lügen können, denn ihre Strategie lag auf der Hand. Doch ich fühlte mich an den Eid gebunden, besonders als Jurist, und ich wollte nicht die Unwahrheit sagen. Ich war überzeugt, dass die Wahrheit am Ende herauskommen und siegen würde.

Mein Vertrauen in die Justiz und die Kraft der Wahrheit war das eine. Das andere war die Tatsache, dass diese Angriffe auf meine Glaubwürdigkeit mich auch deshalb so viel Kraft kosteten, weil sie den Prozess und meine Auftritte enorm in die Läge zogen. Meine Anwälte und der zuständige Bundesgeneralanwalt waren von zwei oder nur wenigen Tagen mehr ausgegangen. Es wurden neun, über einen Zeitraum von mehr als drei Monaten bis Mai 2017. Sogar meine Eltern mussten aussagen, sie wurden von Anwalt Andreas Schulz beraten. Für mich war es Stress pur: die psychische Belastung, dass man mir nicht glauben wollte, dass ich mich sogar hier noch verteidigen musste. Dann aber auch die physische Belastung, denn ich musste jedes Mal von weit her anreisen, immer mit dem Flugzeug. Ich spürte, wie ich das Ende des Prozesses herbeisehnte, und ich wusste zugleich, dass meine Aussagen essenziell und unverzichtbar waren. Mir war das schon klar gewesen, als man mich das erste Mal im Oktober 2015 wegen des Prozesses kontaktiert hatte. Die Generalstaatsanwälte in Karlsruhe hatten zwar starke Verdachtsmomente gegen Abu Adam, aber mit meiner Aussage und meiner positiven Identifikation auf Fotos konnten sie alles für die Verhaftung im Januar 2016 und den Prozess vorbereiten. Und obwohl ich mir über die Bedeutung meiner Präsenz in diesem Fall im Klaren war, zehrte das ganze Prozedere gewaltig an mir. Doch ich wollte meine Sache in Stammheim zu Ende bringen.

Abu Adam blieb im Gefängnis in Stammheim, bis er irgendwann in ein anderes Gefängnis verlegt wurde, weil er angeblich bedroht worden war. Gefängnis und Gerichtsgebäude sind beeindruckende Komplexe. Der Verhandlungsraum erinnerte mich an ein riesiges Amphitheater mit viel Platz für die Richterbank, die Staatsanwälte, die Verteidiger, Übersetzer, Stenografen, Psychiater, Wächter und natürlich für die Zuschauer. Hinter den Richtern das riesige Wappen Baden-Württembergs, das dem Raum eine ehrwürdige Atmosphäre verleiht. In diesem beeindruckenden Ambiente musste ich meine Zeugenaussage machen und mich so gut wie möglich auf alle Einzelheiten konzentrieren, mich an sie erinnern. Ich wollte schließlich nicht wegen einer Falschaussage zur Rechenschaft gezogen werden. In meinem Kopf spielte sich immer wieder die ironische Szene ab, dass ich als Opfer einer Entführung für irgendetwas ins Gefängnis gesteckt werden würde. Sicher, das war unrealistisch, doch die Angst schwang mit, so sehr fühlte ich mich unter Druck gesetzt.

Von Zeit zu Zeit versuchte ich zu dem Angeklagten hinüberzublinzeln. Er saß von mir aus gesehen rechts, direkt hinter dem Gerichtspsychiater. Obwohl alle Aussagen und Ausführungen für ihn ins Arabische übersetzt wurden, wirkte er die meiste Zeit über völlig teilnahmslos und unberührt. Mir fiel auf, dass Abu Adam seit dem letzten Mal, als wir uns gesehen hatten, sehr zugenommen hatte. Ich weiß nicht, ob er durch ein bequemes Leben einfach nur fett geworden war, oder ob er im Gefängnis vielleicht Muskelmasse aufgebaut hatte. Sein Gesicht dagegen sah aus wie vor drei Jahren, nur sein Bart war anders. Doch auf den Fotos, die man mir gezeigt hatte, hatte ich ihn sofort wiedererkannt. Es fällt mir zwar grundsätzlich schwer, aus dem Kopf Einzelheiten an

Menschen zu benennen und die Personen zu beschreiben. Doch wenn man mir Leute auf Fotos zeigt, die ich schon einmal bewusst gesehen habe, erkenne ich sie mit absoluter Sicherheit. Das war schon immer so gewesen.

Suliman Al-S. saß also, ohne größere Emotionen zu zeigen, da. Dabei war er wegen schwerster Vergehen angeklagt: Mitgliedschaft in einer terroristischen Vereinigung, die sich Kriegsverbrechen, des Mordes und Totschlags schuldig gemacht hatte. Er stand im Verdacht der Beteiligung an einem Angriff auf eine Person, die für eine Friedensmission arbeitete, und den Versuch, das Leben eines Dritten bedroht zu haben, um sich oder eine andere Person zu bereichern. Außerdem warf man ihm Freiheitsberaubung vor. Das alles waren gravierende Vergehen. Doch da Abu Adam nur ein kleines Rädchen in der Maschinerie des Dschihads und er in meinem Fall nicht viel mehr als einen Monat beteiligt gewesen war, würde das Strafmaß nicht das Maximum erreichen. Er hatte mir ein paar Mal Essen gebracht und mich gepiesackt, als er mich mehr als eine Stunde lang nicht zur Toilette hatte gehen lassen, obwohl ich mir fast in die Hose machte. Nach dieser erniedrigenden Tortur hatte ich beschlossen, nicht mehr darum zu betteln, auf die Toilette zu dürfen, und begonnen, in eine Plastikflasche zu pinkeln und sie in den Garten hinter meinem Fenster zu werfen. Das Einzige, was mir noch bei Abu Adam aufgefallen war, war etwas, das ausgesehen hatte wie eine weiße, undurchsichtige Milchflasche mit einem Ring. Später erfuhr, dass das eine kleine Handgranate gewesen war.

Im März 2017, zwei Monate vor der befreienden Einschätzung meines Anwalts, kommt der Prozess an einen entscheidenden Punkt. Der Gerichtspsychiater muss seinen generellen Eindruck und eine Einschätzung meiner mentalen Gesundheit geben. Das Gutachten spricht eine eindeutige Sprache: Ich bin nach dem Dafürhalten des Psychiaters mental gesund. Außerdem erscheint meine Zeugenaussage wohlüberlegt und ausgewogen und erweckt nicht den Eindruck, dass ich bei der Schilderung meiner Gefangenschaft übertrieben oder mir gar selbst widersprochen hätte. Schließlich fügt der Gutachter noch hinzu, dass ich selbstbewusst wirke und ein wenig narzisstisch – ich danke ihm dafür und verspreche, an dieser Schwäche zu arbeiten. Der Psychiater lächelt. Ich meine es ernst.

Das ist der Wendepunkt. Das Gutachten gleicht einem Vorschlaghammer, der die Wand aus Vorwürfen und Unterstellungen der Verteidigung einreißt und in kleinste Trümmer zerlegt. Direkt danach verliest der Angeklagte ein Statement, ich bin dabei nicht anwesend, es ist das erste Mal, dass er etwas Substanzielles von sich gibt. Und wie substanziell: Er gibt zu, dass er in der Villa gewesen war, dass er mich getroffen und dass man mich gegen meinen Willen festgehalten hatte. Eine 180-Gradwendung der Verteidigung. Sie hat ihre Strategie komplett auf den Kopf gestellt. Auf einmal bin ich nicht mehr ein Lügner und möglicher Betrüger, sondern wirklich das Opfer. Das Opfer ist wieder Opfer und der Täter wieder Täter. Die Wahrheit hat gesiegt.

Allerdings verlegt sich der Angeklagte jetzt darauf, dass die vorliegenden Beweise nicht gegen ihn verwendet werden könnten, denn für alles gebe es eine gute Erklärung. Seine Unschuld könne bewiesen werden. Zum Beispiel sei die Handgranate nur eine leere Flasche gewesen, in der er eine Locke seiner Freundin als Glücksbringer aufbewahrt habe. Das Foto, das ihn mit einem Scharfschützengewehr zeigt und das er dieser Freundin auf WhatsApp gesendet hatte, sei nur ein Scherz gewesen, genauso wie seine Angebereien, dass er in Syrien als Dschihadist gekämpft habe. Und überhaupt hätten ihm die Männer in der Villa nie genau gesagt, zu welcher Gruppierung sie in Wirklichkeit gehörten, und auch nicht, dass ich ein Kanadier sei, der für die UN arbeitete. Eigentlich sei er ja nur in die Villa gekommen, um dort den Generator zu richten. Dass er mir dann Essen gebracht habe, sei reiner Zufall gewesen, ohne einen besonderen Hintergrund. Das alles bringt der Mann vor, den ich mit eigenen Augen gesehen hatte und der sehr vertraut mit den anderen Dschihad-Kämpfern umgegangen war. Unglaublich. Im doppelten Sinne.

Die Beweise dafür, dass er sehr wohl wusste, wem er sich angeschlossen hatte, sind allerdings erdrückend. Zum Beispiel seine Chats mit Freunden, die klar mit der Al-Nusra-Front in Verbindung stehen, in denen er seinen Kampfnamen Abu Adam benutzt, obwohl er keinen Sohn hat, der Adam heißt. Doch es ist eben eine neue Strategie, die er verfolgt. Am Ende seines Statements bietet mir Abu Adam seine aufrichtige Entschuldigung an sowie eine Entschädigung von 500 Euro. Das ist erneut unglaublich. Während meiner letzten Aussage im Mai 2017 lehne ich das Geld ab und erkläre, dass ich sicher bin, der Angeklagte und seine Familie brauchten die 500 Euro mehr als ich. Oder, so füge ich hinzu, der Angeklagte solle das Geld spenden für eine Wohltätigkeitsorganisation für syrische Flüchtlinge. Seine Entschuldigung weise ich ebenfalls zurück. Ich kann sie nicht akzeptieren. Abu Adam hätte nach seiner Flucht in den Libanon die Behörden über mein Schicksal informieren und so mein Leiden verkürzen können. Doch mein Leben interessierte ihn nicht.

Ich kenne in diesem Moment, in dem ich das hier schreibe, noch nicht das endgültige Strafmaß. Doch ich hoffe, dass es nicht zu hoch ausfällt. Es soll gerecht sein, aber es muss die kleine Rolle berücksichtigen, die Abu Adam in diesem Wahnsinn gespielt hat – wie viele andere auch. Er muss zur Rechenschaft gezogen werden, keine Frage. Doch noch mehr hoffe ich, dass er beginnt, über seine Taten nachzudenken, dass er seinen Irrtum und Irrweg einsieht, dass er einen Weg zurückfindet in ein normales Leben. In ein Leben, das ich jetzt wieder habe. Das ich noch mehr als vorher zu schätzen weiß und das sich plötzlich ganz anders anfühlt. Ein Begriff wie Freiheit klingt heute voller, verheißungsvoller und wichtiger für mich. Ich habe vom Gegenteil gekostet, und ich weiß jetzt, wie sehr ein Mensch daran leiden, wie schnell er daran zerbrechen kann. Ich bin froh, dass ich nicht zerbrochen bin. Und fast dankbar für einige der Lektionen, die ich gelernt habe. Froh, dass die spirituelle Belagerung und meine Zwangskonversion mich dem viel näher gebracht haben, was ich vorher nie so tief und stark in mir gefühlt habe: meinem Glauben. Ich habe das Beten wieder erlernt und sogar den Rosenkranz. Das Vaterunser hat für mich eine Bedeutung bekommen, die es seit meiner Kindheit nicht mehr hatte. Ich habe in der düstersten Fremde wieder eine Heimat gefunden, eine spirituelle Heimat. Vor allem hat mir der Prozess die Gewissheit gegeben, dass wir zwar vor den Kriminellen und Terroristen auf der Hut sein müssen, die mitten unter uns leben, dass wir aber auch eine Chance haben, diese Menschen aufzuspüren und vor Gericht zu bringen.

Bei all dem, was ich gelernt habe, ist aber auch ganz klar: Ich habe zwar die acht Monate in der Hölle mehr oder weniger unbeschadet überlebt. Ich habe den freien Fall stoppen können, mich aus dem magischen Kaninchenbau und zurück in den Alltag gekämpft. Doch verändert hat diese Hölle mein Leben für immer. All das werde ich für immer mit mir tragen. Und ebenso habe ich erfahren, dass nicht der Arm des Gesetzes, sondern auch der Arm der Gerechtigkeit lang ist, sogar lang genug für einen Dschihad-Kämpfer, der sich in Deutschland verkrochen hat. Doch dafür muss dieser Arm auch ausgestreckt werden. Notfalls bis nach Syrien.